思わず人に話したくなる！

日本人の名字

森岡 浩 監修
データ協力：名字由来net

はじめに

名字がわかれば日本がわかる

ここ数年、日本についてもう一度見直そう、といった主旨のテレビ番組が多い。日本語や方言、地名、温泉など、日常使用しているものを見直すことで、新たな発見をしようというものだ。

そういう意味からいえば、名字こそ日常使用しているものの最たるものではないだろうか。自分の名字を一生のうちに何回書くだろう。計算したことはないが、相当の回数になるに違いない。しかし、その名字について考えたことのある人は少ないはずだ。

名字なんか、明治のはじめにご先祖が適当につけたものだから、意味なんかあるはずがない、と思っている人も多いだろう。しかし、実は「江戸時代に名字を持っていたのは武士だけではない、庶民の多くも名字を持っていた」ということは、今や歴史学者の間では常識。しかも、庶民の名字のルーツも中世までさかのぼることができることがわかってきている。

そして、それらの名字の由来は、先祖が住んでいた場所や、当時の職業がもとになっていることが多い。

今でこそ、生まれた土地と今住んでいる場所の違う人は多いし、親と違う職業に従事している人も多い。今でも名字はルーツとなった場所と密接に関連しているのだ。しかし、こうした変化は、名字の千年の歴史に比べれば、一瞬にしかすぎない。

また、昔の人は言葉を大切にした。普通の田んぼを、実りが豊かになるように「良い田＝吉田」と名づけるなど、「名は体を表す」と考えていた。名字についても同じで、子孫の繁栄を願って一族の名字を決めており、決して適当につけたわけではない。

名字のルーツを探ることで、自分の先祖の来し方を知り、名字全体の流れを知ることで、日本のもうひとつの側面を垣間見ることができれば幸いである。

森岡浩

【目次】

第一章 都道府県別名字の地図帳&ご当地名字【東日本編】

第二章 都道府県別名字の地図帳&ご当地名字【西日本編】

第三章 日本人の名字ランキング上位50 ルーツ・カルテ

第四章 日本人の名字ランキング上位51～130 ルーツ・カルテ

コラム

第一章

都道府県別
名字の地図帳＆ご当地名字
【東日本編】

あなたが住む地域には、どんな名字が多くて、
どんな珍しい名字が存在する？
“ご当地ならでは”の名字とは？

人口については総務省統計局による国勢調査をもとにした人口推計（2017年10月1日時点）、面積については国土交通省国土地理院による2017年版全国都道府県市区町村別面積調の数値、ランキングは「名字由来net　https://myoji-yurai.net」のデータを掲載しています。

東

東日本の名字の地図帳

東日本型の名字とは？

ひと言でいうならば、「鈴木・佐藤」型。このどちらかが県内で一番多い名字である場合が多い。さらに加藤、伊藤、斎藤、後藤などの「〜藤」姓が多く、さらに佐々木、小林、渡辺も東日本らしい名字として続く。

それでは、名字で東西を分ける場合は、どこがラインになるのか？

日本海側で見ると、新潟県と富山県の間に東西の分け目がはっきりと見える。新潟県は、鈴木・佐藤の多い東日本型、富山県は西日本型（70ページ参照）。通常、富山県は東日本に分類されるが、名字で見ると西日本に入ってしまう。その理由は、県境付近にある交通の難所「親不知《おやしらず》、子不知《こしらず》」にあるのではないか。昔はここを越えるのに多大な労力を要していたので、人々の移動が少なかった、と言えるのではないだろうか。

太平洋側の境目については、三重県のどこかに存在すると考えられる。三重県のランキングでは東日本側の伊藤が最多だが、2位以降に山本・中村・田中と西日本の名字が並び、5位以降には鈴木・加藤・小林と東日本型の名字が続く。はっきりとした混在型である。さらに滋賀県や奈良県が、田中と山本でトップを独占しているという、完全なる西日本型だからだ。

北海道・東北

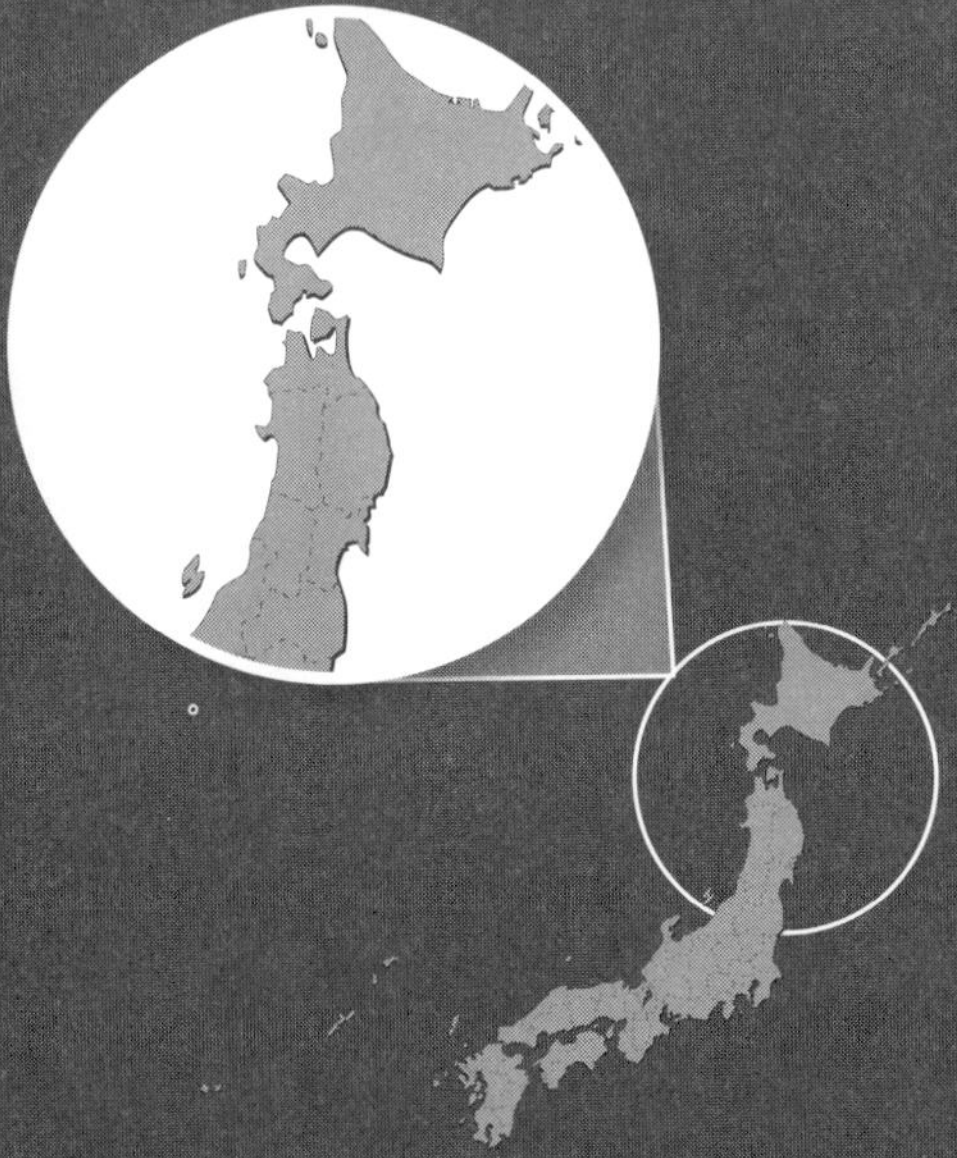

北海道
青森県
岩手県
宮城県
秋田県
山形県
福島県

北海道

東北・北陸型に四国のパターンをプラス

人口	5,291,672人
面積	83,423.84k㎡
県庁所在地	札幌市
道花・道木・道鳥	花・ハマナス 木・エゾマツ 鳥・タンチョウ

希望を求めた人々が入植 オリジナル名字は意外と少ない？

現在住んでいる人のほとんどは、明治以降に入植した人々の末裔。そのため、北海道独自といえるような名字は意外に少ない。

ベスト5に見られる「佐藤」「高橋」「佐々木」などは、東北地方全体で見ても数が多い名字。これは、戊辰《ぼしん》戦争で官軍に抵抗したことから明治新政府に登用されなかった東北諸藩の士族が、新天地を求めて移住したためだ。

特定地区からの大量の入植者で 地名にまでなった名字もある

北海道には圧倒的多数の東北地方のほか、北陸からの入植者も多かった。たとえば「鉢呂《はちろ》」はルーツをたどると富山県だが、今では北海道のほうがはるかに数が多い。意外なところでは四国からの移住者も多く、6位の「田中」、12位の「山本」のように西日本型の名字も見られる。

また、仙台藩の伊達氏一族が大挙して移住した伊達市など、名字の分布が異なる市町村も多い。

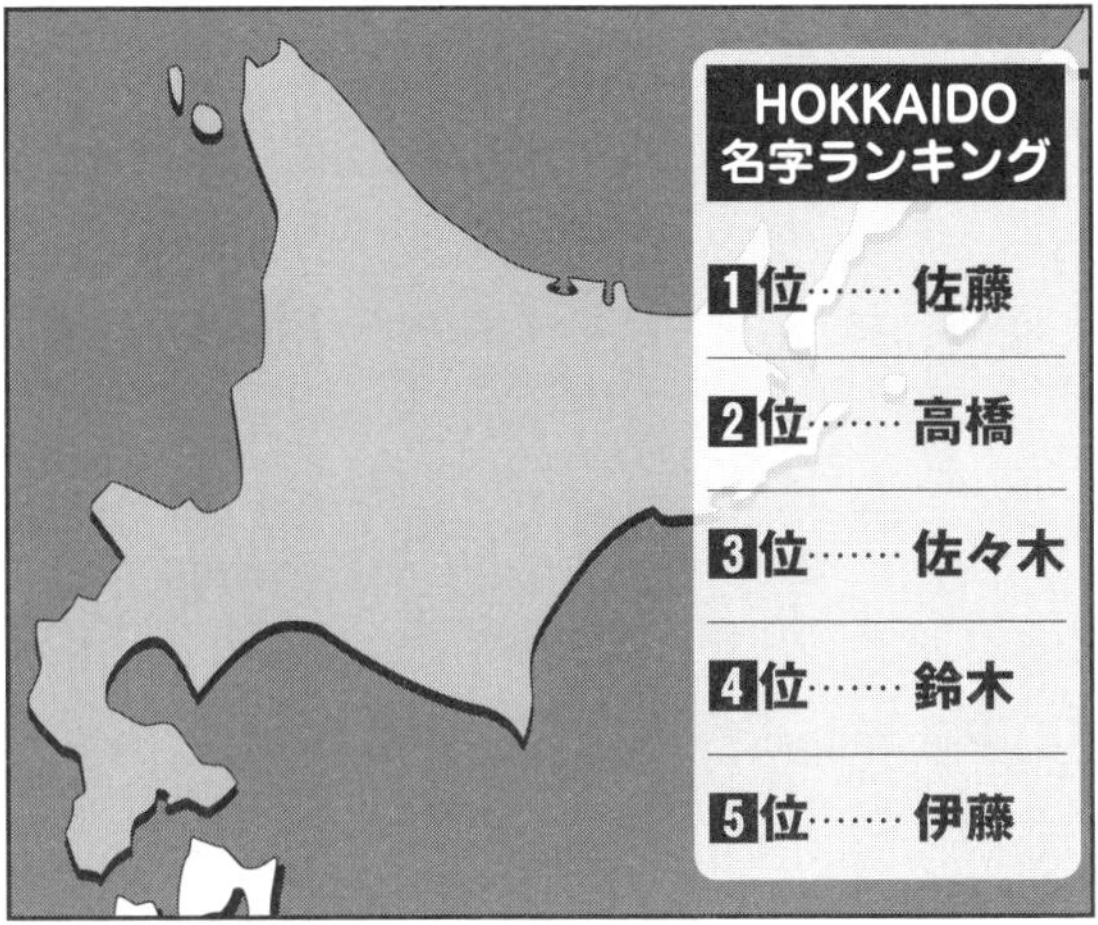

常用漢字では書けない ひねりのきいた独自の名字

北海道の珍しい名字で有名なのが「十」。本来は「木」の字から左右のはらいをとったような形の文字で、「木」の両側がもげていることから「もぎき」と読ませる。そのほかにも、数は少ないものの「陰能《いんの》」など北海道独自の名字もある。

北海道らしい名字

加我《かが》　鉢呂《はちろ》　厚谷《あつや》
蠣崎《かきざき》

珍しい名字

十《もぎき》　陰能《いんの》　馬酔木《あせび》
行町《あるきまち》　印銀《いんぎん》　少数《しょうすう》
歳桃《さいとう》　息才《そくさい》　珍名《ちんな》
九十三《つくみ》　就鳥《ひよどり》

青森県

ほかの東北各県とは一線を画した分布

人口
1,273,995人
面積
9,645.64k㎡
県庁所在地
青森市
県花・県木・県鳥
花・リンゴ 木・ヒバ 鳥・ハクチョウ

ほかの東北各県では見られない独自の名字がずらりと並ぶ!

青森で一番多い名字は「工藤」だが、名字ランキングトップ5に入っているのは全国で青森のみ。ルーツは伊豆地方で、「木工助《もくのすけ》」職にあった藤原氏の末裔が名乗った。

ほかにも「木村」「成田」が上位にくるなど、東北全体の傾向とは違うのが青森の特徴。その傾向は上位30になるとさらに顕著で、「三上」「葛《か》西《さい》」「今《こん》」「福士」などがランクインしている。

津軽地区と南部地区では傾向の分布が明らかに異なる

青森には「対馬《つしま》」姓も多いが、ルーツは長崎にある対馬ではなくて愛知県の津島。愛知にいた津島氏一族が移住して、表記を変えて広がった。

「成田」「三上」など青森独自の分布が見られるのは県西部の津軽地区で、江戸時代に南部氏が支配した県東部の南部地区は岩手県北部と似通っている。津軽には「古川」姓も多いが、「ふるかわ」ではなく「こがわ」と読むのも独特だ。

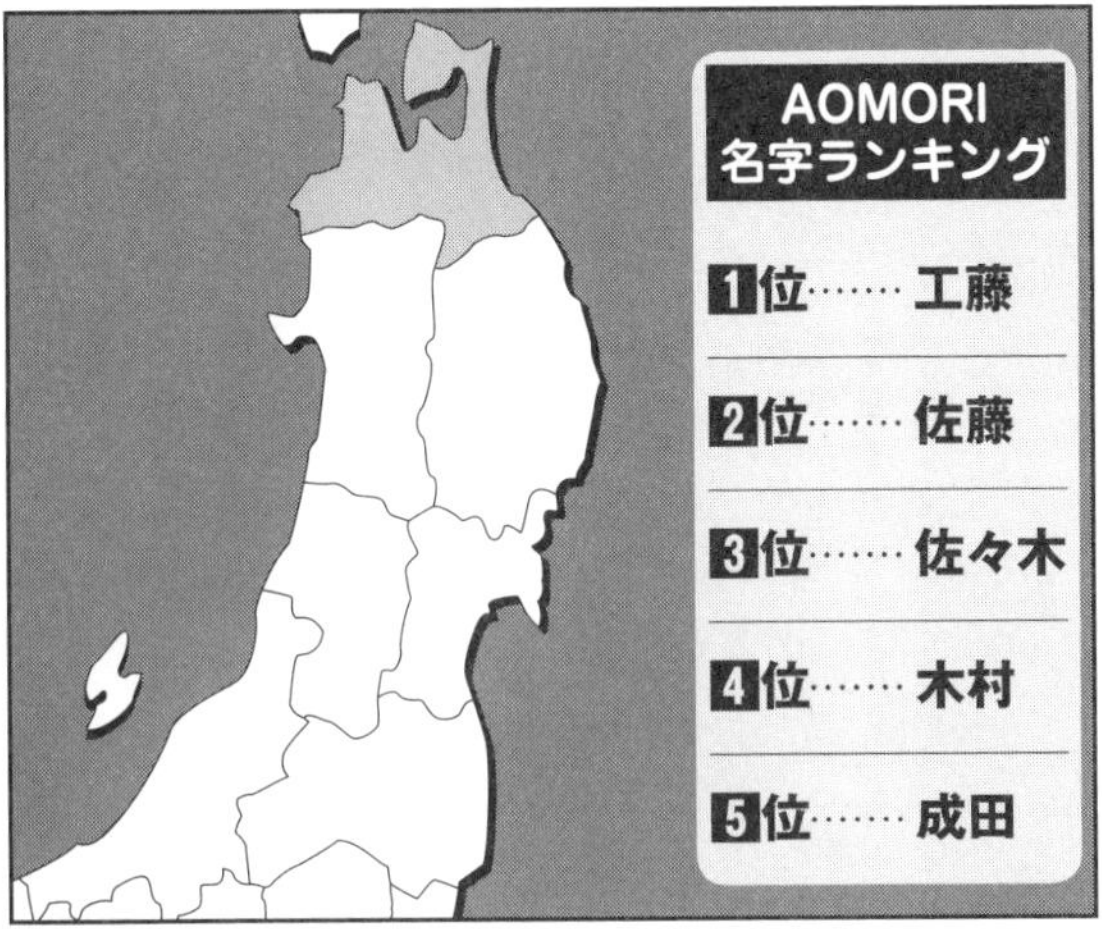

アイヌの言葉がルーツになった全国でも珍しい名字もある

三沢市に多い「小比類巻《こひるいまき》」は全国でも珍しいアイヌ語が語源の姓。アイヌ語で「窪地のところ」という意味だ。また、青森には「一戸《いちのへ》」「二戸《にのへ》」…と「九戸《くのへ》」までの名字が存在する。「戸」は放牧場のことで、順番をあらわしているといわれている。

青森県らしい名字

成田　三上　葛西《かさい》
対馬《つしま》　古川《こがわ》　一戸《いちのへ》
小山内《おさない》（長内）

珍しい名字

三沢市…小比類巻《こひるいまき》
御厩敷《おんまやしき》　算用子《さんようし》
茶立場《ちゃたてば》　番地《ばんち》
冷清水《ひやしみず》　菩提寺《ぼだいじ》

岩手県

各地から移住した氏族が県内を席捲

人口
1,249,041人
面積
15,275.01km²
県庁所在地
盛岡市
県花・県木・県鳥
花・キリ
木・ナンブアカマツ
鳥・キジ

ルーツの地域よりも多くなった岩手ならではの名字「千葉」

岩手4位の「千葉」は、文字通り千葉県がルーツ。源頼朝が奥州藤原氏を征伐したのちに、各地から家臣団を送り込んで奥州を支配下に置いた。そのときに岩手南部に送り込まれたのが、千葉県を本拠地としていた千葉氏。御本家の千葉県に残った千葉氏は戦国時代に没落してしまったため、今では人口あたりの密集度で「千葉」が一番多いのは岩手県となっている。

本家ごと移住してきてしまった「葛西」一族が南部を席捲

千葉氏と同様の状況で派遣されてきたのが、山梨県南部町の「南部」氏や、東京都江戸川区の「葛西」氏。葛西一族は、室町時代に本家も東北に移ってきたため、岩手県南部から宮城県北部に多く見られる。「岩淵（渕）」「江刺《えさし》」「黒沢」「寺崎」も葛西氏から派生した家。

また、砦《とりで》を意味する「館（舘）」の字がついた「古館《ふるだて》」「下館《しもだて》」「岩舘《いわだて》」といった名字も多い。

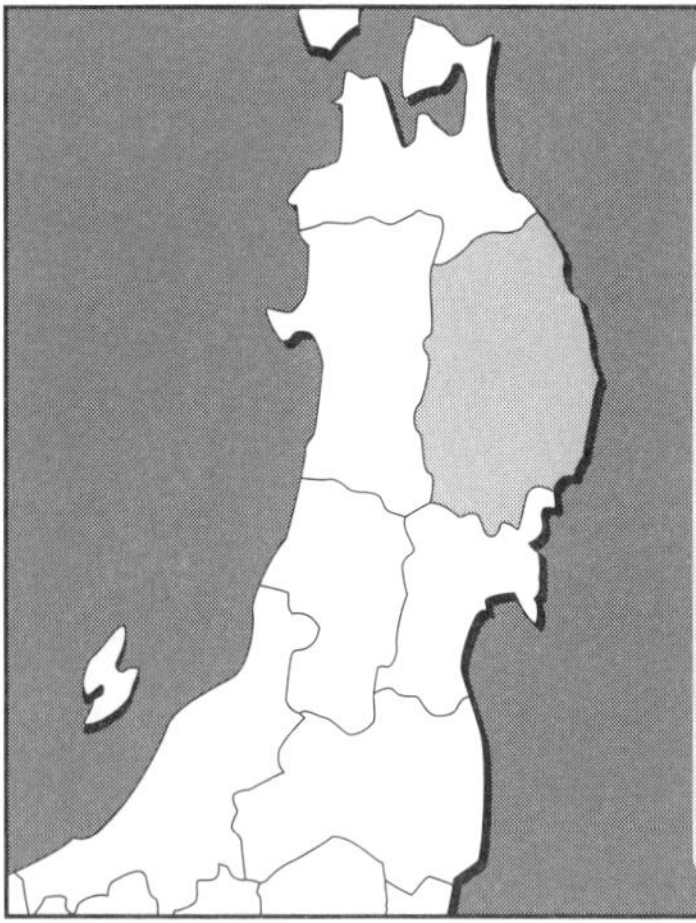

IWATE
名字ランキング

1位……佐藤
2位……佐々木
3位……高橋
4位……千葉
5位……菊池

「金田一」は二戸市の地名がルーツ 著名な言語学者も岩手の出身

岩手らしい名字としては「金田一《きんだいち》」が有名だが、ルーツは二戸《にのへ》市にある地名。言語学者の金田一京助氏・春彦氏も岩手の出身だ。

その他岩手らしい名字には、9位にランクインした「及川」や35位の「八重樫《やえがし》」などがある。

岩手県らしい名字

千葉　金田一《きんだいち》
及川　八重樫《やえがし》
新沼　昆《こん》

珍しい名字

安栖《あずまい》　姉帯《あねたい》
漆真下《うるしまつか》　帷子《かたびら》
敬礼《けいれい》　五枚橋《ごまいばし》
銭袋《せんぶくろ》　七ッ役《ななつやく》

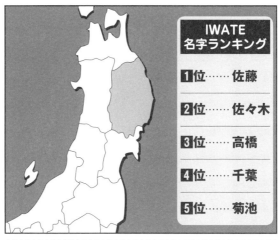

宮城県

東北の典型パターンのなかに独自の表記も

人口
2,305,156人
面積
7,282.22k㎡
県庁所在地
仙台市
県花・県木・県鳥
花・ミヤギノハギ 木・ケヤキ 鳥・ガン

東北地方の名字分布の特徴を凝縮したようなパターン

トップ5に「佐藤」以下「高橋」「鈴木」と続くのは東北の典型パターン。範囲を50位まで広げると「今野」「早坂」「大友」「庄子《しょうじ》」「丹野《たんの》」といった宮城ならではの名字が登場する。

宮城といえば「伊達《だて》」家が有名だが、伊達政宗の出身地は山形県米沢市。伊達家の勢力が東北全域に広がっていたため、宮城の名字分布が東北地方の典型パターンになった。

同じ読み方をする名字でも表記は宮城独自のものがある

東北地方には荘園が多かったことから、荘園の管理を任された官僚を示す「庄司」を名乗る家も多い。読み方は同じ「しょうじ」でも、秋田では「東海林」、関東では「庄司」と書く場合が多いが、宮城に多いのは「庄子」さん。特に多い仙台市では、トップ10にせまるほどの一般的な名字となっている。全国的にもこの字を当てるのは宮城独特で、ほかの地域には見られない。

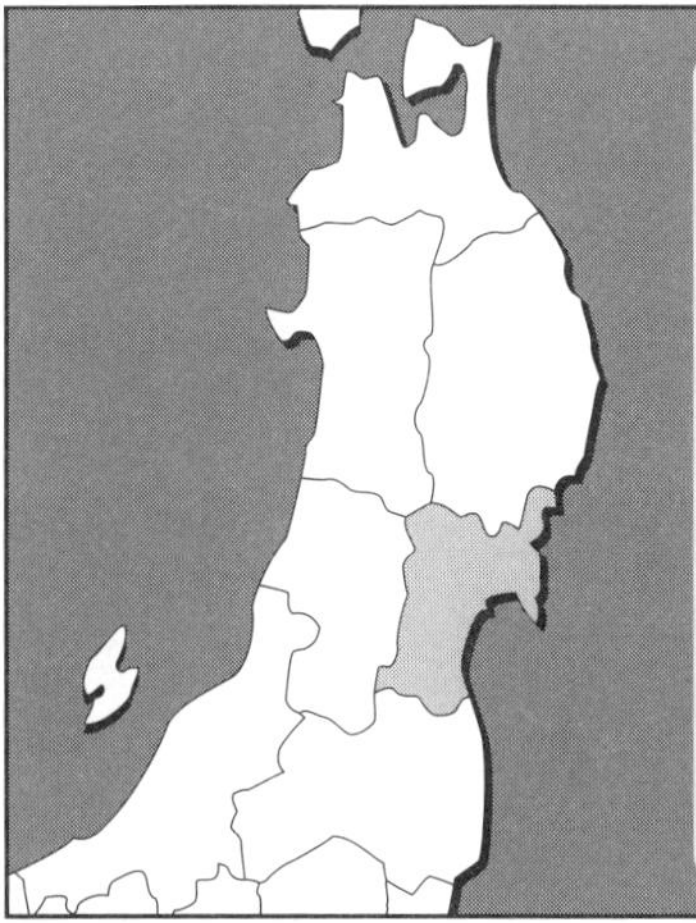

MIYAGI 名字ランキング

1位……佐藤
2位……高橋
3位……鈴木
4位……佐々木
5位……阿部

仙台藩から続く伝統が現代の名字のなかに生きている

仙台藩士をルーツとする「大槻《おおつき》」や、仙台藩の藩医を代々務めた「志賀」は、宮城ならではの名字の代表。「赤間《あかま》」「若生《わこう》」「中鉢《ちゅうばち》」なども宮城県らしい名字だ。変わったところでは、戎《えびす》信仰に由来している「得可主《えべしゅ》」などがある。

宮城県らしい名字

今野　早坂　庄子《しょうじ》
丹野《たんの》　大槻《おおつき》　志賀
赤間《あかま》　若生《わこう》　中鉢《ちゅうばち》

珍しい名字

得可主《えべしゅ》　明上山《あけがみやま》
魚生川《すけがわ》　八丁目《はっちょうめ》
袋《ふくろ》　百足《むかで》　餅《もち》
四ッ目《よつめ》

秋田県

全国でも抜きんでた「佐藤さん」の宝庫

人口
992,420人
面積
11,637.52k㎡
県庁所在地
秋田市
県花・県木・県鳥
花・フキノトウ
木・アキタスギ
鳥・ヤマドリ

人口の8%が「佐藤」姓で住民の3割が「佐藤」の都市も

「佐藤」姓が多いのは東北全体に見られる傾向だが、秋田では人口の8%が佐藤。普通は県内で一番多い名字といっても、人口に占める割合は1、2%程度だから、どれだけ秋田に佐藤が多いのかわかってもらえるだろう。県の南部にいくほど佐藤の割合は高くなっていて、山形県との県境にある由利《ゆり》本荘《ほんじょう》市に至っては、なんと住民の約13%が佐藤というから驚く。

「佐藤」以外にも特定の地域に同じ名字が集中する傾向が

ほかにも同じ名字が特定の地区に集中していることが多く、雄勝《おがち》郡では人口の約1割が「高橋」。同じく雄勝郡の東成瀬村は、「高橋」と「佐々木」で人口の半分以上を占めている。

秋田には「加賀谷」「越後谷」「能登谷」といった谷のつく姓も多いが、これは江戸時代の商家が「加賀屋」や「越後屋」のような屋号の「屋」文字を「谷」に変えて名字にしたといわれている。

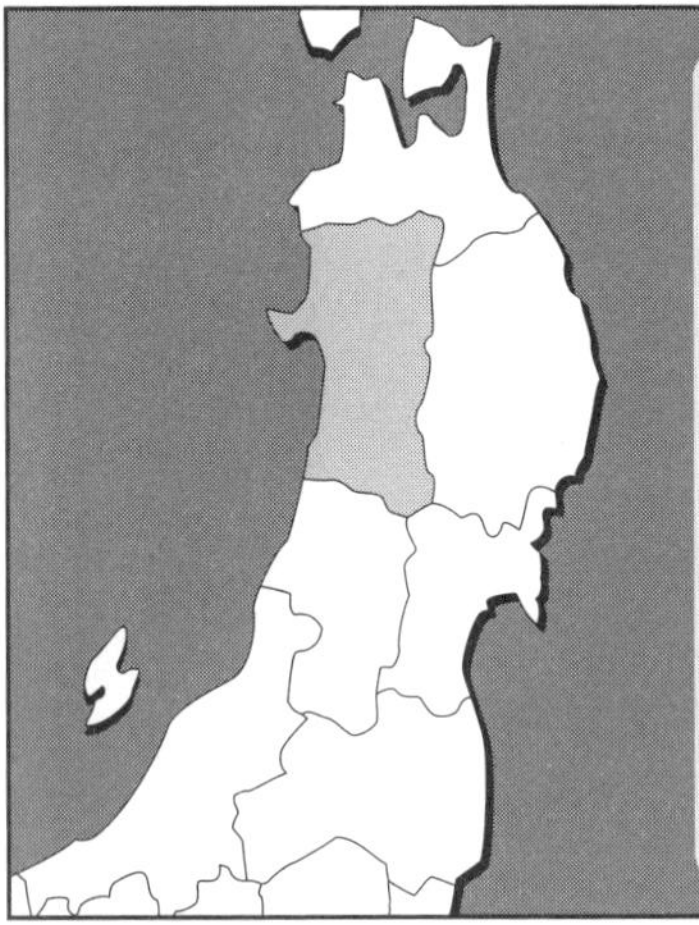

AKITA 名字ランキング

1位……佐藤
2位……高橋
3位……佐々木
4位……伊藤
5位……鈴木

木曾義仲とのラブロマンスを現代に伝える珍しい一族の姓

由利本荘市がルーツの「巴《ともえ》」は、木曾義仲に愛された巴御前の子孫という伝承があるそう。「作物がよく稔る土地」の意の「御法川《みのりかわ》」も秋田がルーツの名字だが、今では住民が移住した先の北海道や関東のほうが人数は多い。

秋田県らしい名字

加賀谷　桜庭《さくらば》
巴《ともえ》　船木　虻川《あぶかわ》

珍しい名字

御法川《みのりかわ》　鐙《あぶみ》
雅楽代《うたしろ》　利部《かがぶ》
小番《こつがい》　桜庭《さくらば》
沢田石《さわだいし》　及位《のぞき》
尾留川《びるかわ》　歩仁内《ぶにうち》

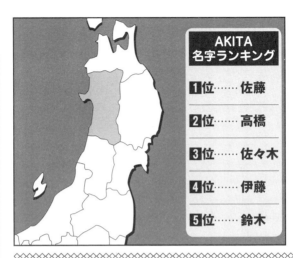

山形県

秋田に次いで「佐藤」さんの多い地域

人口
1,095,386人
面積
9,323.15k㎡
県庁所在地
山形市
県花・県木・県鳥
花・ベニバナ
木・サクランボ
鳥・オシドリ

「佐藤」と「高橋」だけで人口の半分近くを占める町も

秋田県と同じく「佐藤」が多い地域として知られる山形県。県北部にある真室川《まむろがわ》町は「佐藤」と「高橋」だけで人口の4割を占めている。

山形の有名な名字として、17位の「本間」がある。日本一の大地主と謳われた酒田市の本間家がもとになっているが、ルーツは神奈川県厚木市。戦国時代に越後を経て酒田に移り住み、西回り航路の発展で繁栄していった。

「東海林」のルーツの家は「しょうじ」とは読まなかった

山形発祥の姓のひとつに「東海林」があるが、山形での読み方は「とうかいりん」。一族の一部が秋田に移住して、荘園を管理する庄司になったことから「しょうじ」と読まれるようになった。現在でも、山形には「しょうじ」さんより「とうかいりん」さんのほうが多い。

そのほかにも、山形県らしい名字として「大場」「梅津」「大沼」「長岡」「安孫子《あびこ》」などがある。

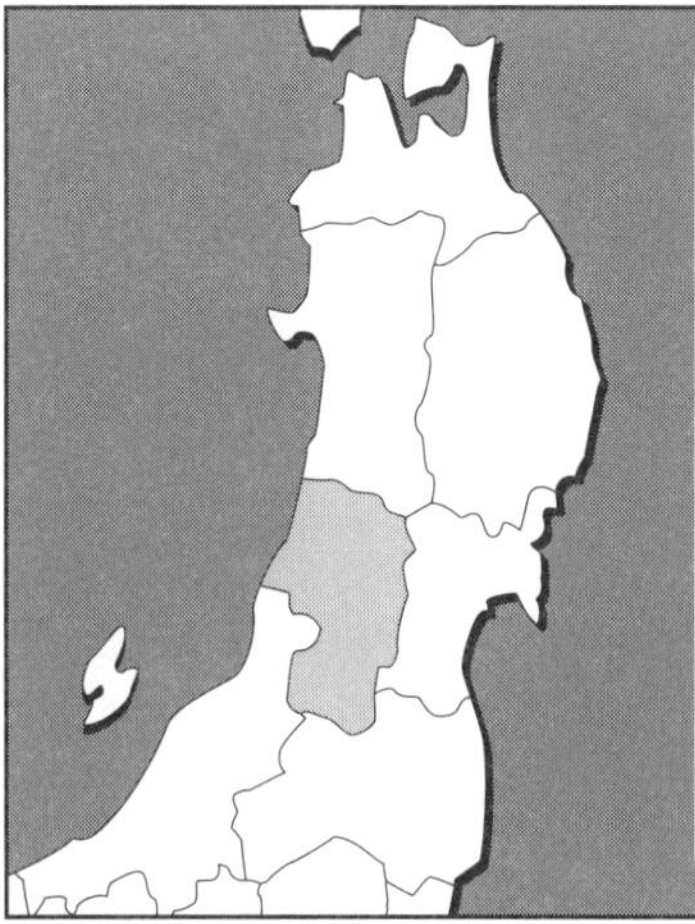

YAMAGATA 名字ランキング

1位……佐藤
2位……高橋
3位……鈴木
4位……斎藤
5位……伊藤

山形に移住してきたときに改名して珍しい名字に変身

米沢市で見られる「色摩《しかま》」のルーツは宮城県色《しか》麻《ま》町で、宮城では「四釜」と書くことが多い。同じく米沢に「情野《せいの》」姓があるが、長野の清野《きよの》氏が上杉謙信に従って移り住んだもの。そのときに読み方が「せいの」、漢字も「情野」に変化した。

山形県らしい名字

米沢市…色摩《しかま》、情野《せいの》
東海林《とうかいりん》　大場
梅津　大沼　長岡
安孫子《あびこ》

珍しい名字

悪七《あくしち》　五十公野《いじみの》
衣袋《いぶくろ》　歌丸《うたまる》　海和《かいわ》
丸藤《がんどう》　明日《ぬくい》　無着《むちゃく》

福島県

地域によってパターンにかなりの差がある

人口
1,871,058人
面積
13,783.90k㎡
県庁所在地
福島市
県花・県木・県鳥
花・ネモトシャクナゲ
木・ケヤキ
鳥・キビタキ

同じ漢字表記をする名字でも地域によって読み方が違う

福島1位の「佐藤」は約11万人、2位の「鈴木」は8万人と突出して多く、3位は5・5万人、4位は3・3万人と、人数にはかなりの差がある。

6位の名字は、「菅野」。福島では「かんの」と読むのが一般的だが、県中央部の安達郡に限っては「すがの」と読む家が多い。

福島県は面積が広いこともあり、地域によってかなり分布状況が違ってくるのが大きな特徴だ。

浜通り、中通り、会津地方でそれぞれに特徴ある名字が

福島県は2つの山地によって、太平洋沿岸の浜通り、中央部の中通り、内陸部の会津の3つに大きく分かれる。浜通りには名家の「相馬《そうま》」氏があり、名字としては「小野」や「草野」などが多い。

中通りでは、須《す》賀川《かがわ》市に集中している「円谷《つむらや》」姓が特徴的。かつての東京五輪銅メダルの円谷幸吉選手や、特撮の円谷プロを創設した円谷英二氏も須賀川の出身だ。

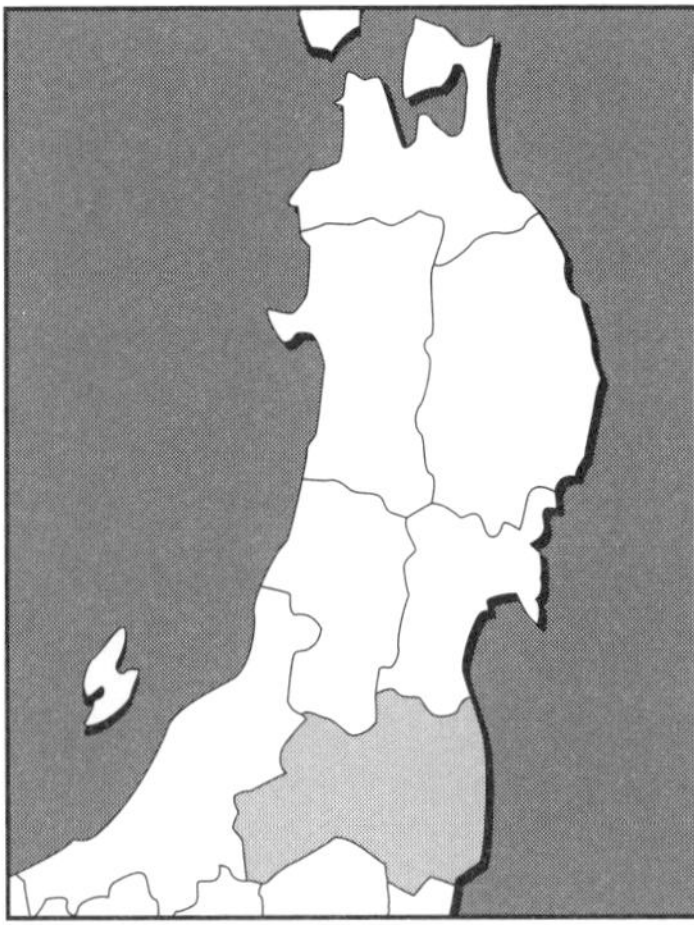

FUKUSHIMA 名字ランキング

1位……佐藤
2位……鈴木
3位……渡辺
4位……斎藤
5位……遠藤

「星」の名字は会津独特で ほかにも難読名字が多く見られる

会津には「星」という姓が多く、会津地区に限ると多くの町村でランキング1位になっている。「安斎」「柳沼」「猪狩《いがり》」「三瓶《さんぺい》」「二瓶《にへい》」なども、福島ならではの名字。「江井《えねい》」「過足《よぎあし》」などはなかなかの難読名字だ。

福島県らしい名字

中通り…円谷《つむらや》

会津…星

安斎　柳沼　猪狩《いがり》

三瓶《さんぺい》　二瓶《にへい》　国分

珍しい名字

江井《えねい》　過足《よぎあし》　慶徳《けいとく》

鷺《さぎ》　四家《しけ》

COLUMN 1

敗者から勝者へ、領地の分配とともに全国展開
名字はどうやって広がった？

平安時代後期に武士が登場して以来、その数を急激に伸ばした名字だが、どのように発祥地から離れ全国的な広がりを見せていったのか。

一番最初の大移動は「源平合戦」のとき。平家を滅ぼした源頼朝は、平家方の領地を没収し、味方の武士たちに分け与えた。領地の多くは西日本にあり、受け取った側の武士たちには東日本出身の者が多くいた。彼らは本家を東日本に残し、二男や三男といった分家筋が新しい領地へと移動した。つまり名字が東→西へと動いたのだ。

続いては源氏が奥州藤原氏を滅ぼしたとき。活躍した関東の武士たちに、奥州の領地が分け与えられた。このとき勢力を伸ばしたのが、現在の千葉県西部にあった葛西氏や千葉氏で、現在でも東北地方を代表する名字となっている。その後、鎌倉幕府が滅びた際にも新たな氏族が活躍し、後醍醐天皇の新政開始とともに広がっていった。

そして史上最大の移動が起きたのは、織田信長の時代である。信長は、新しく入手した領地へ、その土地に縁もゆかりもない武将をどんどん送り込んだ。結果、その土地に根づいていた豪族は追放され、信長の家臣たちが次々と入植、それまで見られなかった名字が増えていった。さらには天下を統一した豊臣秀吉が、東北北部と九州南部を除いた地域で大胆な配置転換を行い、名字は完全にシャッフルされたのであった。

最後の大移動は、明治維新のとき。勝利をおさめた薩摩・長州の藩士が新政府の役人としてこぞって上京、幕府側の東北・北陸の諸藩からは北海道へ転じた者も多かった。

こうして、名字は時代の区切りとともに発展を見せていったのである。

関東

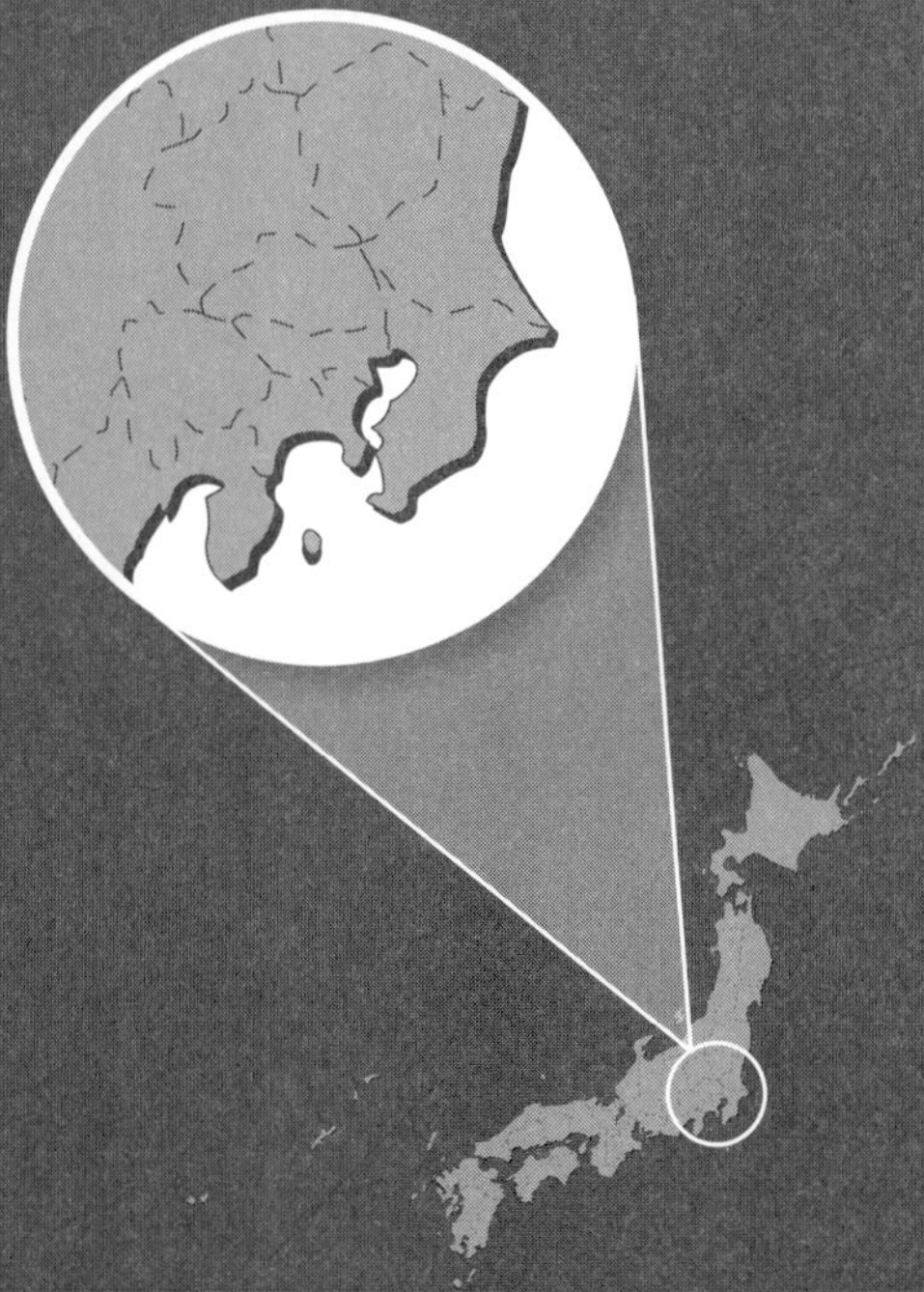

茨城県
栃木県
群馬県
埼玉県
千葉県
東京都
神奈川県

茨城県

関東地方では珍しく独自の名字が生き残る

人口
2,846,918人
面積
6,097.19k㎡
県庁所在地
水戸市
県花・県木・県鳥
花・バラ 木・ウメ 鳥・ヒバリ

数多くいる名字の一部は隣接する福島県と共通

「鈴木」「佐藤」「小林」「渡辺」「高橋」と、上位のランキングだけを見ると関東の標準分布パターンだが、200位まで範囲を広げると、「倉持《くらもち》」「小松崎」「海老原」「飛田《とびた》」「寺門」「会沢」「鴨志田《かもしだ》」など茨城ならではの独特な名字があがってくる。「根本」「石川」「関」がベスト20に入るのも珍しく、また「斎藤」「吉田」「菊池」といった姓が多いのは福島県と共通している。

茨城を支配した2つの名家からたくさんの支流が生まれる

平安時代から戦国時代にかけて、茨城は大掾《だいじょう》氏と佐竹氏という2つの名家に支配されていた。その一族が県内各地に広がり、地名を名字にしたケースが多いのも茨城の特徴。大掾氏の一族からは「鹿島」「島崎」「芹沢《せりざわ》」「玉造《たまつくり》」「手賀《てが》」「徳宿《とくしゅく》」「中居」などが、佐竹氏一族からは「稲木」「額田《ぬかだ》」「長倉」「小瀬」「小場」「石塚」といった名字が生まれている。

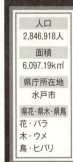

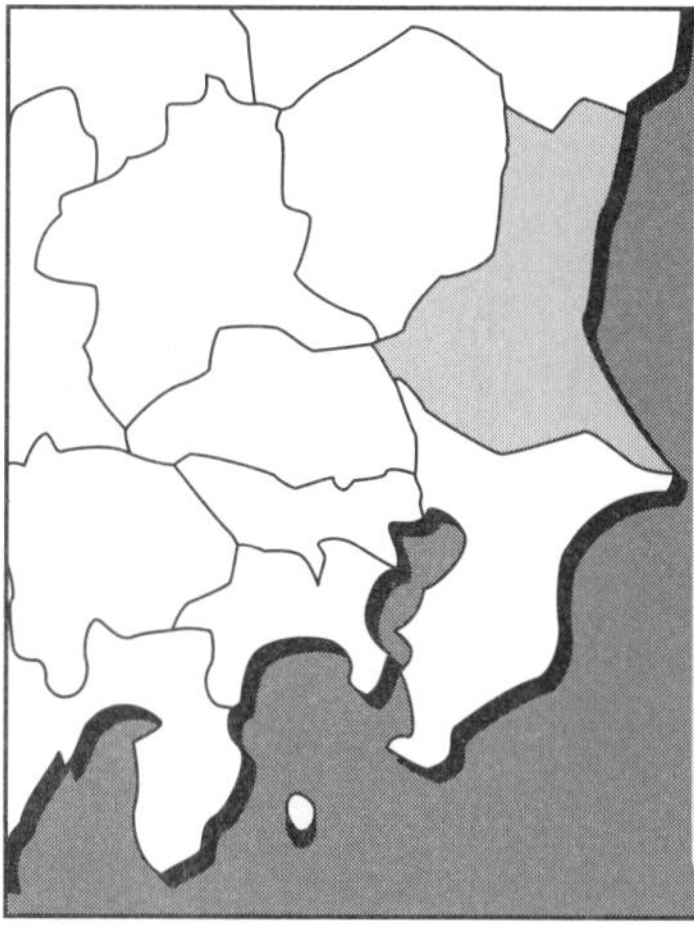

IBARAKI 名字ランキング

1位……鈴木
2位……佐藤
3位……小林
4位……渡辺
5位……高橋

読みでは五十音順でトップとなる「あい」さんが霞ヶ浦に集中

霞ヶ浦周辺には、読みの五十音順で一番最初となる「あい」という名字が集まっている。漢字では何種類かの書き方があるが、一番多いのは「阿《あ》井《い》」。「因泥《いんでい》」「宇留鷲《うるわし》」「吽野《うんの》」「結解《けつけ》」「結束《けつそく》」「小圷《こあくつ》」など、茨城には珍しい名字も多い。

茨城県らしい名字

倉持《くらもち》　小松崎
海老原　飛田《とびた》
寺門　助川　会沢
鴨志田《かもしだ》　軍司

珍しい名字

因泥《いんでい》　宇留鷲《うるわし》
吽野《うんの》　結解《けつけ》　結束《けつそく》
小圷《こあくつ》　底《そこ》　美留町《びるまち》

栃木県

関東の標準パターンともいえる名字分布

人口	1,929,685人
面積	6,408.09k㎡
県庁所在地	宇都宮市
県花・県木・県鳥	花・ヤシオツツジ 木・トチノキ 鳥・オオルリ

北関東の方言が元になった栃木ならではの名字「阿久津」

「鈴木」「渡辺」「佐藤」「小林」「高橋」というトップ5は、茨城と同じ関東の標準パターン。

ただし、栃木らしい名字もいくつか残っていて、なかでも代表格が15位の「阿久津《あくつ》」。「あくつ」とは北関東の方言で窪地という意味。栃木や群馬では「阿久津」だが、茨城では「圷」、東北では「安久津」と書くことが多い。ほかに「増渕《ますぶち》（淵）」「君島」「宇賀神《うがじん》」なども栃木独特の名字だ。

室町幕府を開いた足利氏は栃木を代表する伝統の名家

栃木きっての名家といえば室町幕府を開いた足利家だが、「足利」でも清和源氏系と藤原氏系の二流がある。

また、「宇都宮」「小山」「那須」「佐野」「氏家」といった地名が由来となっている名字も多く残っていて、いずれも足利氏には及ばないものの伝統ある名家だ。

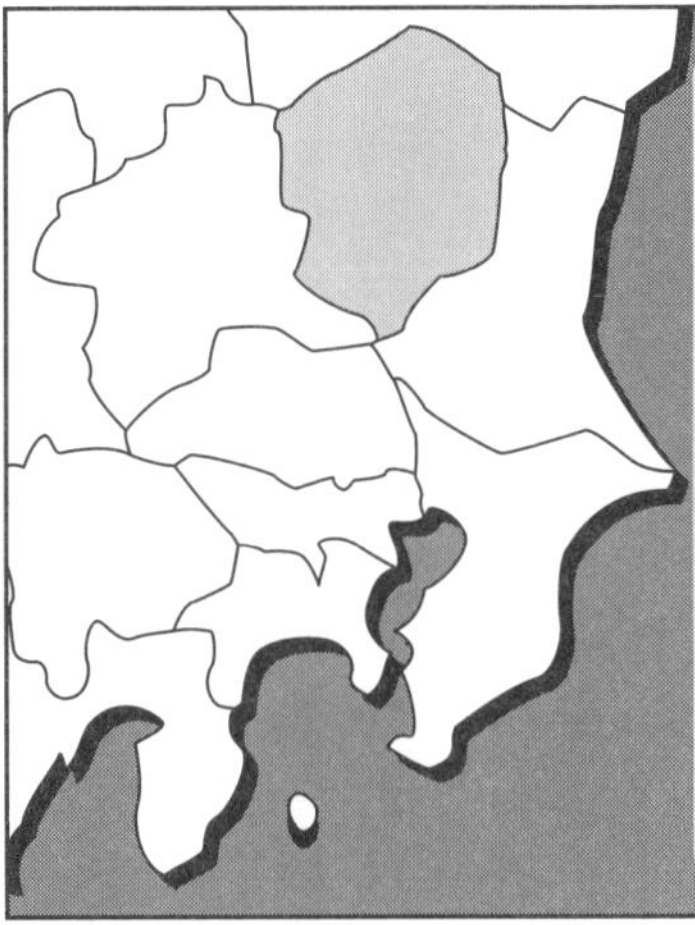

TOCHIGI 名字ランキング

1位……鈴木
2位……渡辺
3位……佐藤
4位……小林
5位……高橋

現存する珍しい名字のなかにはルーツがまったくわからないものも

県南部に見られる「四十八願」は「よいなら」と読ませる難読名字。戦国時代から登場した名字で仏教語に由来しているが、どうしてそう読むようになったのかは不明である。また「丁嵐《あたらし》」「大豆生田《おおまみゆうだ》」「吉高神《きちこうじん》」といった珍しい名字もある。

栃木県らしい名字

阿久津《あくつ》　増渕（淵）
君島　宇賀神《うがじん》

珍しい名字

県南部…四十八願《よいなら》
丁嵐《あたらし》　大豆生田《おおまみゆうだ》
吉高神《きちこうじん》　提箸《さけはし》
九石《さざらし》　外鯨《とくじら》　粗《ほぼ》
明才地《めいさいじ》　世取山《よとりやま》

群馬県

関東標準パターンのなかに潜む群馬らしさ

人口
1,913,384人
面積
6,362.28k㎡
県庁所在地
前橋市
県花・県木・県鳥
花・レンゲツツジ
木・クロマツ
鳥・ヤマドリ

決して珍しくない「高橋」もナンバーワン獲得は群馬のみ

1位の「高橋」は、全国でも3位と数の多い名字だが、都道府県で1位を獲得しているのは群馬と愛媛だけ。2位以下は関東の標準パターンに近いが、4位に「新井」が入るのも群馬ならではだ。「木暮《こぐれ》」も群馬や埼玉に多い名字のひとつで、群馬では「木暮」と書くことが多いが、埼玉だと「小暮」のほうが主流。ほかに「茂木《も(もて)ぎ》」「須田」「羽鳥」「金井」なども群馬らしい名字だ。

群馬を代表する名家「新田」は徳川家康の祖先という説も

清和源氏の流れを引く「新田」は群馬を代表する氏族。八幡太郎源義家の孫が祖で、弟は栃木の名家「足利」の祖となった。『南総里見八犬伝』で知られる里見家も新田氏の支流で、ほかにも「山名」「大館」「鳥山」「堀口」といった一族を生み出している。実は、江戸幕府を開いた徳川家康も新田氏の支流で清和源氏の末裔と称しているが、はっきりいってマユツバだ。

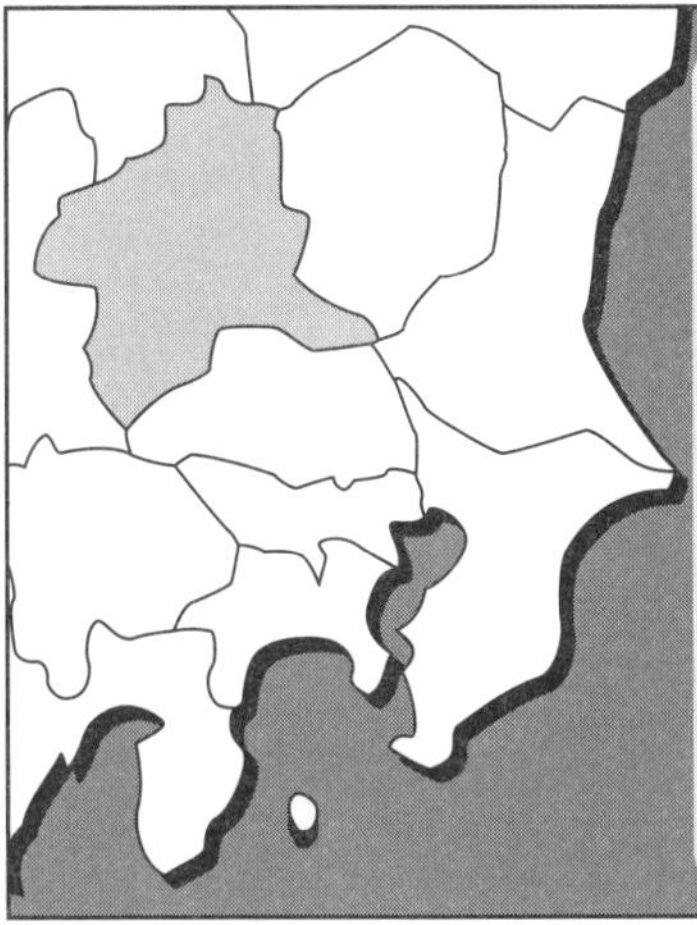

GUNMA 名字ランキング

1位……高橋
2位……小林
3位……佐藤
4位……新井
5位……清水

スキー場で知られる嬬恋村はどこを見ても「黒岩」だらけ

万座温泉やスキー場で有名な嬬恋《つまごい》村は「黒岩《くろいわ》」という姓が非常に多く、2番目に多い「宮崎」のなんと3倍以上。県全体では、伝説上の鳥の名である「善知鳥《うとう》」のほか、「五十木《いかるぎ》」「女屋《おなや》」「書上《かきあげ》」「小鮒《こぶな》」といった珍しい名字が見られる。

群馬県らしい名字

嬬恋村…**黒岩**

木暮《こぐれ》　**茂木《も(もて)ぎ》**　**須田**
羽鳥　**金井**　**生方《うぶかた》**

珍しい名字

善知鳥《うとう》　**五十木《いかるぎ》**
女屋《おなや》　**書上《かきあげ》**　**小鮒《こぶな》**
城間《じょうぎく》　**都木《たかぎ》**
二十里《にじゅうり》　**毒島《ぶすじま》**

埼玉県

東京に近い南部と北部では分布にも大きな差

人口
7,173,902人
面積
3,797.75k㎡
県庁所在地
さいたま市
県花・県木・県鳥
花・サクラソウ
木・ケヤキ
鳥・シラコバト

東京のベッドタウン化から逃れて北部に生き残る特徴ある名字

東京のベッドタウン化が進んでいない県北部にしぼると、もっとも多い名字は「新井」、次いで「小林」。ほかにも、秩父地方に特有の「浅見《あさみ》」をはじめ、「田島」「福島」「関根」「栗原」「柴崎」「黒沢」「須賀」「小谷野《こやの》」といった、埼玉本来の名字が数多く見られる。

対して南部は「鈴木」「佐藤」「高橋」が多く、東京との差は見られない。

日本一長いといわれる名字は埼玉県内に存在していた

県名の由来になったのは、行田《ぎょうだ》市付近にある埼玉という地区名。ここからとられた「埼玉」という名字も、埼玉と東京にわずかに残っている。

埼玉には、宮城の警備を担った左衛門尉《さえもんのじょう》という職業に由来するともいわれる「左衛門三郎《さえもんさぶろう》」という名字がある。漢字5文字の名字は日本一長く、現在ではほかには山口県の「勘解由小路《かでのこうじ》」のみとなっている。

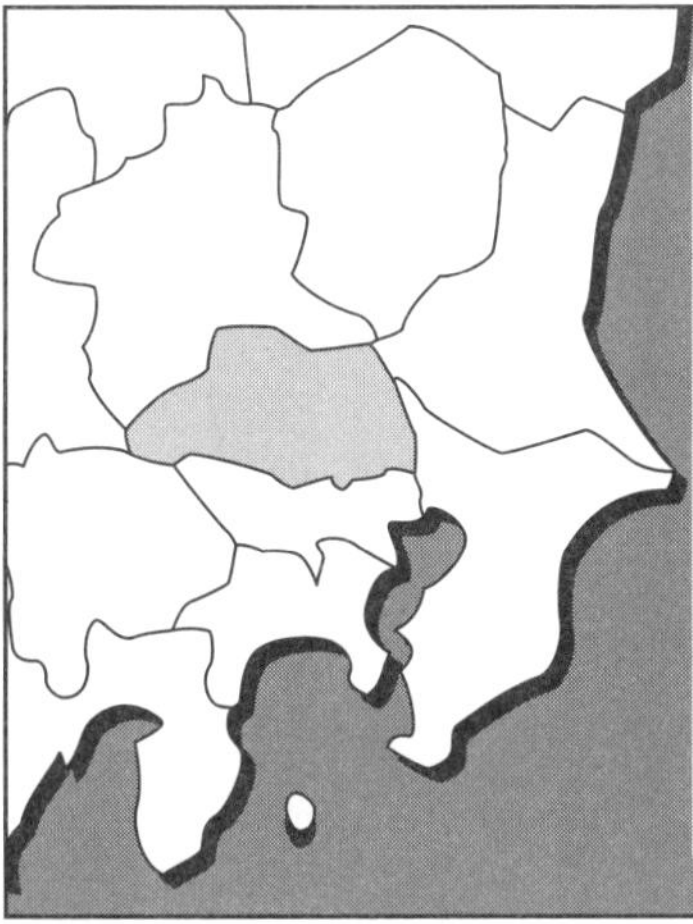

SAITAMA 名字ランキング

1位……鈴木
2位……高橋
3位……佐藤
4位……小林
5位……新井

珍しい名字や難読名字が集まった秩父地方に注目

秩父地方は珍しい名前の宝庫。「舎利弗」と書いて「とどろき」さん、「強矢」と書いて「すねや」さんといった名字が集中している。なお「舎利弗」は、釈迦の十大弟子のひとりで智慧《ちえ》第一と称された舎利弗《しゃりほつ》に由来している。

埼玉県らしい名字

秩父地方…浅見《あさみ》

田島　福島　関根
栗原　関口　柴崎

珍しい名字

左衛門三郎《さえもんさぶろう》
舎利弗《とどろき》　強矢《すねや》
遊馬《あそま》　護守《ごのもり》
忽滑谷《ぬかりや》　道祖土《さいど》

千葉県

首都圏のベッドタウン化で特徴が消失寸前

人口
6,140,802人
面積
5,157.61km²
県庁所在地
千葉市
県花・県木・県鳥
花・ナノハナ 木・マキ 鳥・ホオジロ

館山や銚子など外房方面に千葉らしい名字が残っている

埼玉同様、東京のベッドタウンと化している千葉でも地域の特徴は薄い。10位以内の名字で東京と違うのは、6位の「石井」と10位の「斎藤」のみだ（東京ではそれぞれ14位、15位）。

それでも、東京から遠くなると千葉らしい名字も増えてくる。南房総の「川名」、外房の「椎名」、銚子周辺の「石毛」「加瀬」、香取市の「香取」、山武《さんむ》市の「秋葉」などが一例だ。

東北地方を中心に広がる「千葉」の本家はすでに没落

「千葉」姓は、桓武平氏の一族がこの地に住んで地名を名字にしたもの。鎌倉時代には各地に領地を得て広がったが、戦国時代に本拠地の千葉氏が没落してしまったため、千葉県の「千葉」姓はランク116位と数は多くない。

余談だが、都道府県名と同じ名字は意外と多く、47のうち、北海道、京都（「みやこ」と読む名字はある）、沖縄、愛媛を除く43がある。

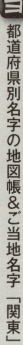

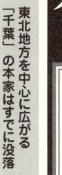

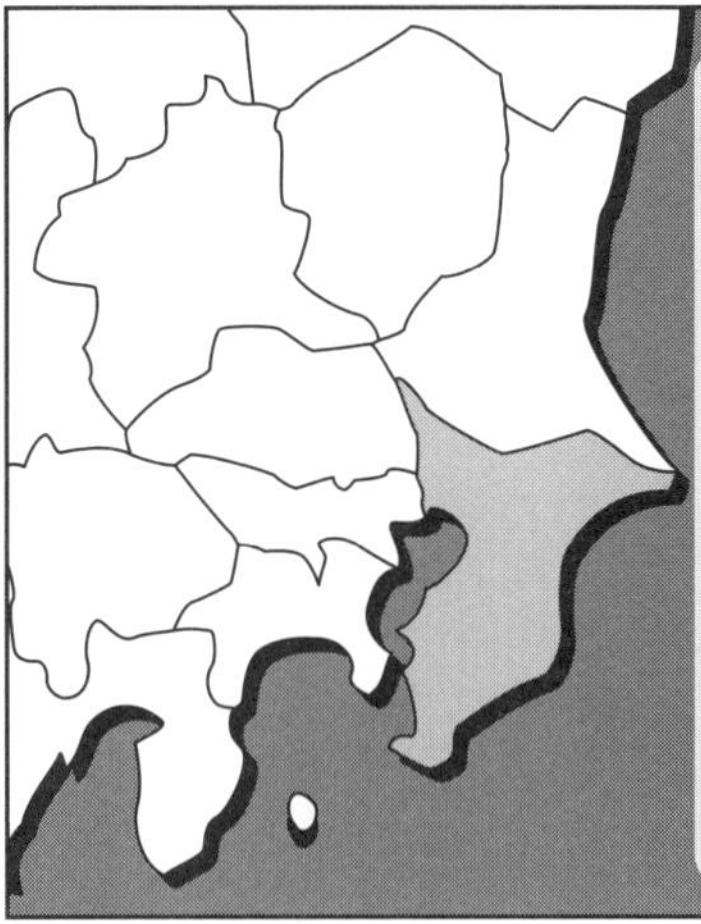

CHIBA 名字ランキング

1位……鈴木
2位……高橋
3位……佐藤
4位……渡辺
5位……伊藤

無数に存在する名字のなかでも一番最後にくる名字とは

木更津《きさらづ》市に多い「分目」は「わんめ」と読み、無数にある日本の名字のなかでも五十音順で最後に来る。長南《ちょうなん》町には「生城山」と書いて「ふきの」と読む名字があるが、周辺には「吹野」姓も多く、同じ一族だと考えられている。

千葉県らしい名字

鶴岡　川名　椎名
石毛　加瀬　香取
秋葉　越川　向後《こうご》

珍しい名字

分目《わんめ》　生城山《ふきの》
安蒜《あびる》　伊大知《いおち》
華表《とりい》　南波佐間《なばさま》
無尽《むじん》　雪原《ゆきはら》　霊園《れいえん》

東京都

首都としての発展と引き替えに特徴が消失

人口
13,273,490人
面積
2,193.96k㎡
都庁所在地
新宿区
都花・都木・都鳥
花・ソメイヨシノ
木・イチョウ
鳥・ユリカモメ

全国で最多の名字をおさえて「鈴木」が1位になった理由

近代以降、全国各地から人が集まってきた東京では、独自の特徴はすっかり影をひそめている。

そのなかで、全国では最多の「佐藤」をおさえて、「鈴木」が1位を獲得していることは注目に値する。「鈴木」のルーツは紀伊半島で、修験道とともに全国に波及した名字。徳川家康の家臣だった鈴木一族が大挙して三河から江戸にやってきて、現在の繁栄の基礎を作った。

地名をそのままとった名字は東京らしさの証ともいえる

特徴に乏しい東京だが、地名にルーツをもつ名字は少なくない。「板橋」「小山田」「北見」「葛西」「品川」「立川」「豊島」「目黒」などがそれである。

奥多摩地方に多い「原島」も、武蔵国原島（現在の埼玉県熊谷市）という地名に由来。第28代宣《せん》化《か》天皇の子孫といわれる一族で、室町時代に本拠地を奥多摩に移してから現在のように広がった。ほか「宇田川」「小美濃《おみの》」などは東京独自の名字。

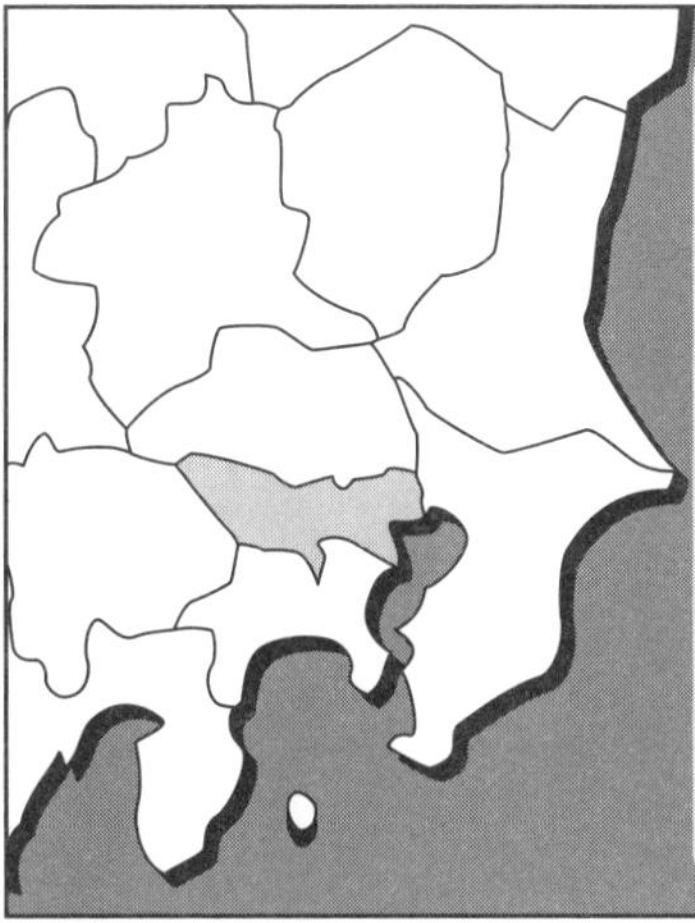

TOKYO 名字ランキング

1位……鈴木
2位……佐藤
3位……高橋
4位……田中
5位……小林

現代でもわずかに生き残る東京独自の珍しい名字

日野市に多い「土方《ひじかた》」は、静岡県掛川市にある地名が由来。新選組副長として知られる土方歳三の実家も、現在の東京都日野市にあった。「九」という珍しい名字もあり、これを「いちじく」と読むのは「一字でく」からだ。

東京都らしい名字

奥多摩地方…原島
宇田川　小美濃《おみの》
土方《ひじかた》　乙幡《おとはた》

珍しい名字

九《いちじく》　濡髪《ぬれがみ》　谷古宇《やこう》
天明《てんみよう》　阿《ほとり・おか》
十六沢《いざさわ》　大炊御門《おおいみかど》
正親町《おおぎまち》

神奈川県

東京と差がないながらも独自の名字も存在

人口	8,988,663人
面積	2,416.17km²
県庁所在地	横浜市
県花・県木・県鳥	花・ヤマユリ 木・イチョウ 鳥・カモメ

全国の「石渡」さんの2割が三浦半島を中心に集中する

東京のベッドタウンとして共に発展してきた神奈川県は、ベスト100までを眺めてみても東京との差はほとんど見られない。神奈川独特の名字も残ってはいるが、かなりの少数だ。

強いてあげるとすれば、三浦半島に見られる「石渡《いしわた(り)》」。全国の石渡さんのうち2割以上が三浦半島在住で、横須賀市に限っていうとトップ10に入るくらい一般的な名字となっている。

鎌倉の大仏様にちなんだ珍しい名字もわずかに存在

大仏で知られる鎌倉市には「大仏《おさらぎ》」という名字があった。鎌倉時代の執権、北条時政の三男だった時房がルーツで、一時は鎌倉幕府でも大きな力をもっていたが、幕府滅亡とともに没落してしまった。現在では鎌倉市内に「大仏」家はなく、周辺にわずかに残っている。小説『鞍馬天狗』の作者として知られる大佛次郎氏はペンネームで、本名は野尻だ。

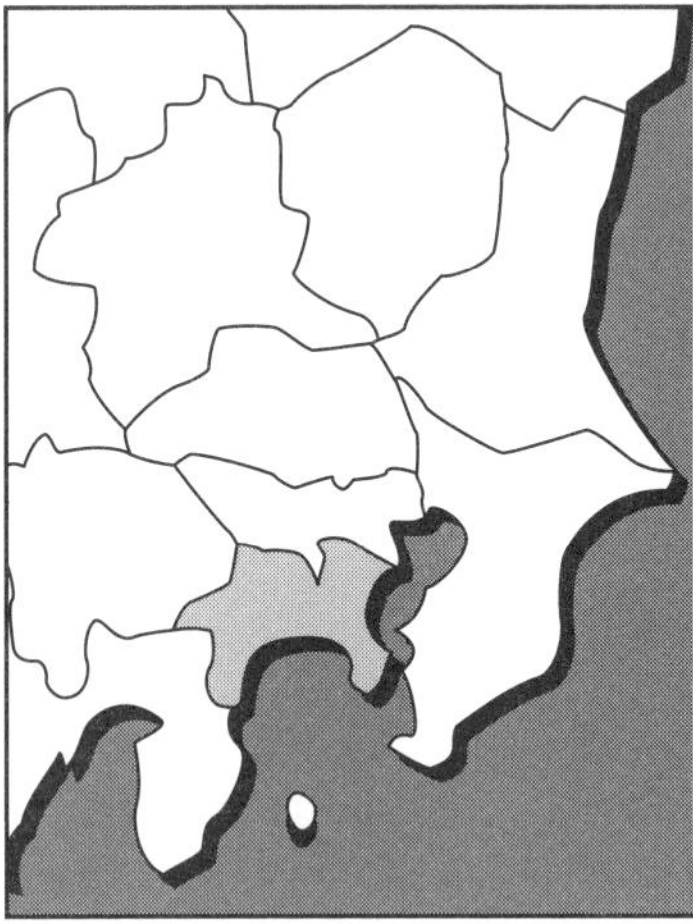

KANAGAWA
名字ランキング

1位……鈴木
2位……佐藤
3位……高橋
4位……渡辺
5位……小林

県内の各地に点在する神奈川ならではの名字

「石渡」のほかにも、箱根の「勝俣《かつまた》」、足柄地方の「露木」、湯河原の「二見」、横須賀の「新倉」といった地域独自の名字も、少数ながらある。

珍しい名字としては「爰島《えんじま》」「黄木《おうぎ》」「風田川《ふうたがわ》」などがある。

神奈川県らしい名字

三浦半島…石渡《いしわた(り)》

勝俣《かつまた》　露木　二見

新倉　相原

珍しい名字

爰島《えんじま》　黄木《おうぎ》

風田川《ふうたがわ》　巣籠《すごもり》

望木《もぎ》　杢代《もくだい》　矢後《やご》

COLUMN 2

あなたの名字はいったい何派？
名字の種類

名字で分類するとすれば、われわれ日本人は次の８組に分けることができる。

①基本姓　名字が急激に増えた平安後期以前、古代からあった名字。天皇家から分家した賜姓皇族発祥の「源」「平」「橘」「清原」「在原」など、有力豪族発祥の「蘇我」「物部《もののべ》」「大伴《おおとも》」など、中国や朝鮮半島から亡命してきた渡来人発祥の「秦《はた》」など、有力神社発祥の「宇佐」「阿蘇」「出雲」などがこれに属する。

②地名姓　地名を起源とした名字。ここに分類される名字が一番多い。

③地形姓　地形や土地の様子を表した名字。「山」「川」「田」などのつく名字がこれに属する。

④方位姓　東西南北などの方位を表す名字。これらの漢字が含まれる名字のほか、「前後奥」「上中下」「右左」などの位置関係を示すものも含まれる。発祥の地が多くあり、ルーツの特定が難しいのが特徴である。

⑤職業姓　江戸時代以前、職業が世襲制であったころ、職名をもとに作られた名字。古代では犬を養っていた「犬養《いぬかい》」、朝廷の大蔵を管轄としていた「大蔵」、荘園の管理を行っていた「荘司」などがこれにあたる。

⑥藤のつく名字　「佐藤」「安藤」「加藤」「工藤」など、下に藤の入った名字のこと。そのほとんどは藤原氏から発生したもの。

⑦僧侶の姓　江戸時代以前、俗世間と離れるために姓を捨てた僧侶たちは、明治維新後、姓を持つことを迫られた。そんな僧侶たちが、仏教用語などから作り出した名字のこと。

⑧主君から賜った姓　戦で功績をあげたことで主君から賜った名字のこと。織田信長が美濃の伊木山城を攻めた際に家臣に与えた「伊木」、あまりにも強いからと与えられた「無敵」などもある。

北陸・甲信

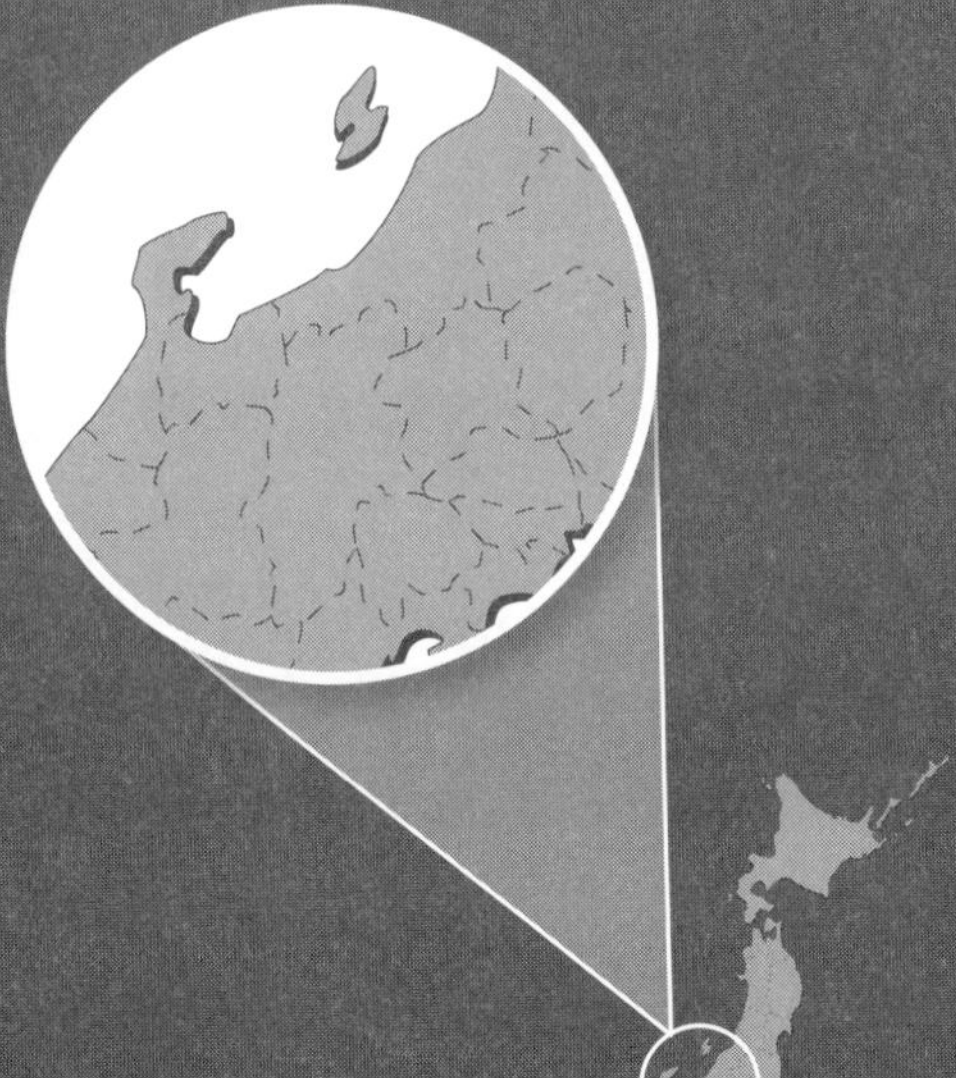

新潟県
富山県
石川県
福井県
山梨県
長野県

新潟県

北陸地域では唯一の東北パターンを提示

人口	2,252,746人
面積	12,584.15km²
県庁所在地	新潟市
県花・県木・県鳥	花・チューリップ 木・ユキツバキ 鳥・トキ

隣接する地域によって大きな影響が見られる分布

地域的には北陸に入る新潟県。しかし名字の分布状況は明らかに東北パターンで、「佐藤」が圧倒的に多く、「渡辺」「小林」「高橋」「鈴木」が県内全域に散らばっている。特徴としては、「本間」や「金子」が多いこと。また、東北に接する下越では「佐藤」が多く、県の中央部では「渡辺」、佐渡では「本間」が一番多いなど、隣接地域に大きな影響を受けているのも特徴だ。

伝統の「いからし」という読みをかたくなに守る家も

7位の「長谷川」と9位の「五十嵐《いがらし》」は、ともに新潟を代表する名字。「長谷川」のルーツは奈良県を流れる初瀬川《はつせがわ》で、長い谷間にあった初瀬川が転じて長谷川になり、広まったといわれる。「五十嵐」は越後国沼垂《ぬつたり》郡五十嵐（現在の新潟県三条市）発祥で、第11代垂仁《すいにん》天皇の末裔ともいわれる名流。本来の読みは「いからし」で、現在も濁らない「いからし」を名乗る家も多い。

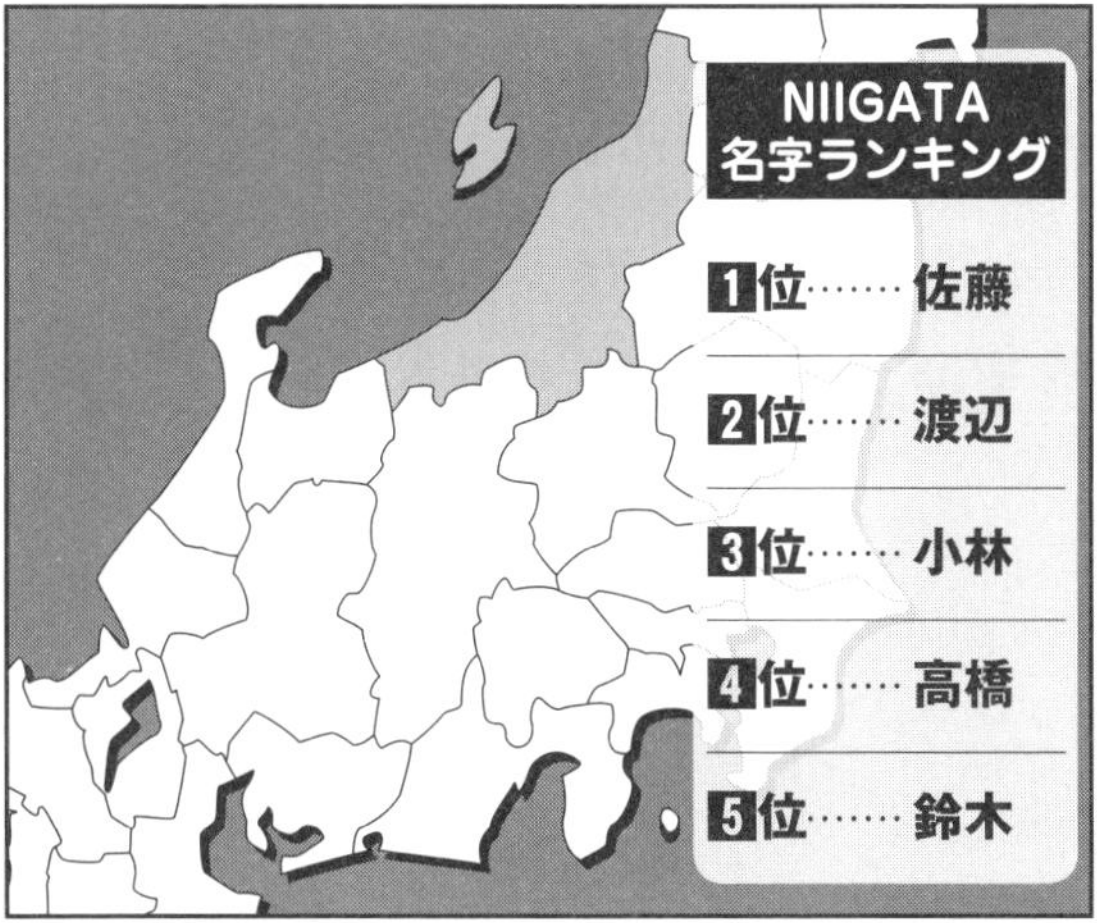

屋号を載せる習慣のため電話帳には珍しい名字が満載

新潟県らしい名字には「風間」「熊倉」「新保」、珍しい名字としては「腮尾《あぎお》」「五十山田《いかいだ》」「飯酒《いさ》盃《はい》」「日馬《くさま》」などがある。郡部の電話帳には「三田屋」や「五助」といった屋号で登録する家も多いが、これはあくまで屋号で本名ではない。

新潟県らしい名字

佐渡地方…**本間**

長谷川　**五十嵐**《いが(か)らし》

風間　**熊倉**　**新保**

珍しい名字

腮尾《あぎお》　**五十山田**《いかいだ》

飯酒盃《いさはい》　**日馬**《くさま》　**捧**《ささげ》

燕《つばめ》　**宝剣**《ほうけん》　**弓納持**《ゆみなもち》

富山県

石川県に影響を受けた関西パターンの名字分布

人口
1,042,708人
面積
4,247.61km²
県庁所在地
富山市
県花・県木・県鳥
花・チューリップ
木・タテヤマスギ
鳥・ライチョウ

加賀藩の家臣が移住してきて石川県と近い分布状況に

日本列島を東西に分けると、地域的には東日本に分類される富山県だが、名字の分布状況は明らかに関西に近い。となりの新潟県が東日本の典型的パターンなことと比べると、いっそう差が際だつ。江戸時代に富山を治めていたのは、おとなり石川県の加賀藩主前田家の分家で、富山藩を作るにあたって加賀から多くの家臣がやってきた。そのため、名字の分布状況も石川県とよく似ている。

全国的にも有名な珍名都市 新湊にあふれるユニークな名字

富山湾に面する射水《いみず》市新湊《しんみなと》は珍しい名字が多いことで有名。漁業にちなんだ「釣《つり》」「網《あみ》」「海《え》老《び》」「魚《うお》」「波《なみ》」、食べ物にちなんだ「米《こめ》」「酢《す》」「菓子《かし》」「飴《あめ》」、物の名前そのものの「桶《おけ》」「車《くるま》」「壁《かべ》」「風呂《ふろ》」など、ほかにはない名字がずらりと並ぶ。明治時代に名字が義務化された際、職業や扱っていた商品にちなんで付けたのだろうといわれているが、ここまでそろうと圧巻だ。

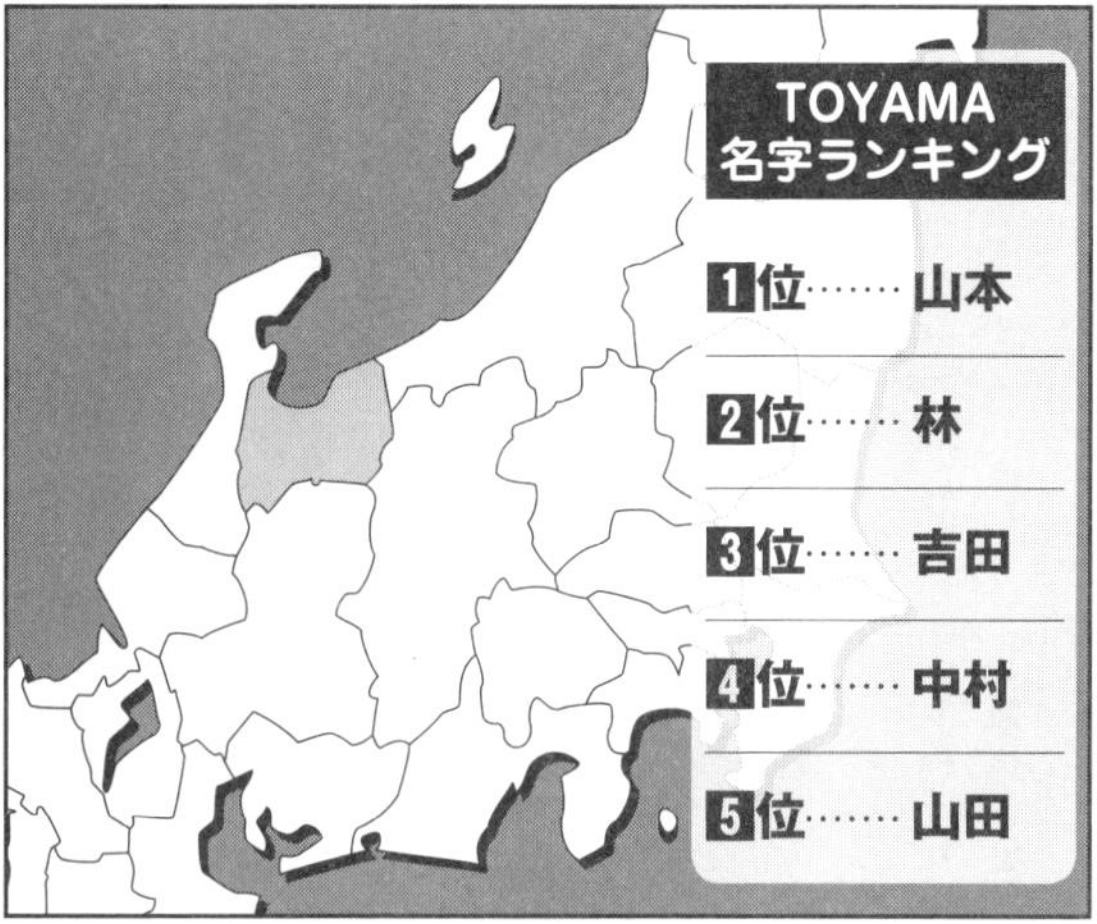

TOYAMA 名字ランキング

1位……山本

2位……林

3位……吉田

4位……中村

5位……山田

ほかでは見られない名字から楽しい発想をかき立てられる

新湊には「分家《ぶんけ》」や「横丁《よこちょう》」という名字が数軒あるが、「分家」さんの本家も「分家」さん、大通り沿いに住んでいる「横丁」さんと考えると楽しい。新湊以外にも「四十物《あいもの》」「汐海《しおかい》」「正力《しょうりき》」「村椿《むらつばき》」といった珍しい名字もある。

富山県らしい名字

石黒　谷井　尾山

珍しい名字

新湊…釣《つり》、網《あみ》、海老《えび》、魚《うお》、水門《すいもん》、波《なみ》、米《こめ》、酢《す》、菓子《かし》、飴《あめ》、桶《おけ》、壁《かべ》、風呂《ふろ》

四十物《あいもの》　汐海《しおかい》

正力《しょうりき》　村椿《むらつばき》　庭植《にわとこ(うえ)》

石川県

京都や大阪に多い名字がランキングを独占

人口	1,135,992人
面積	4,186.05km^2
県庁所在地	金沢市
県花・県木・県鳥	花・クロユリ 木・アテ 鳥・イヌワシ

決して珍名ではないものの石川県に多い名字がいっぱい

石川県トップ3の「山本」「中村」「田中」は、登場する順番は違うものの、京都、大阪、滋賀、和歌山と同じ。「吉田」「山田」も関西に多い名字で、石川や富山を境に西日本パターンになっていることがわかる。また、上位20までを見ると、「中川」「中田」「南」「北村」「宮本」といった、決して珍しくはないが、他県ではここまで上位には入ってこない名字がちらほらと見える。

藩主に遠慮して改名した姓は石川独自の名字のひとつ

石川県といえば、加賀百万石の藩主前田家が有名。本来は愛知の出で、菅原道真の末裔ともいわれている。前田家が加賀藩主としてやってきた際、以前から「前田」を名乗っていた人は新藩主に遠慮して「毎田」「前多」などに改姓した。

また石川には、前や後ろや中、上や下、東西南北の文字を使った方位姓が、前田のほかにも、「中出《なかで》」「北出《きたで》」「道下」「表《おもて》」など数多くある。

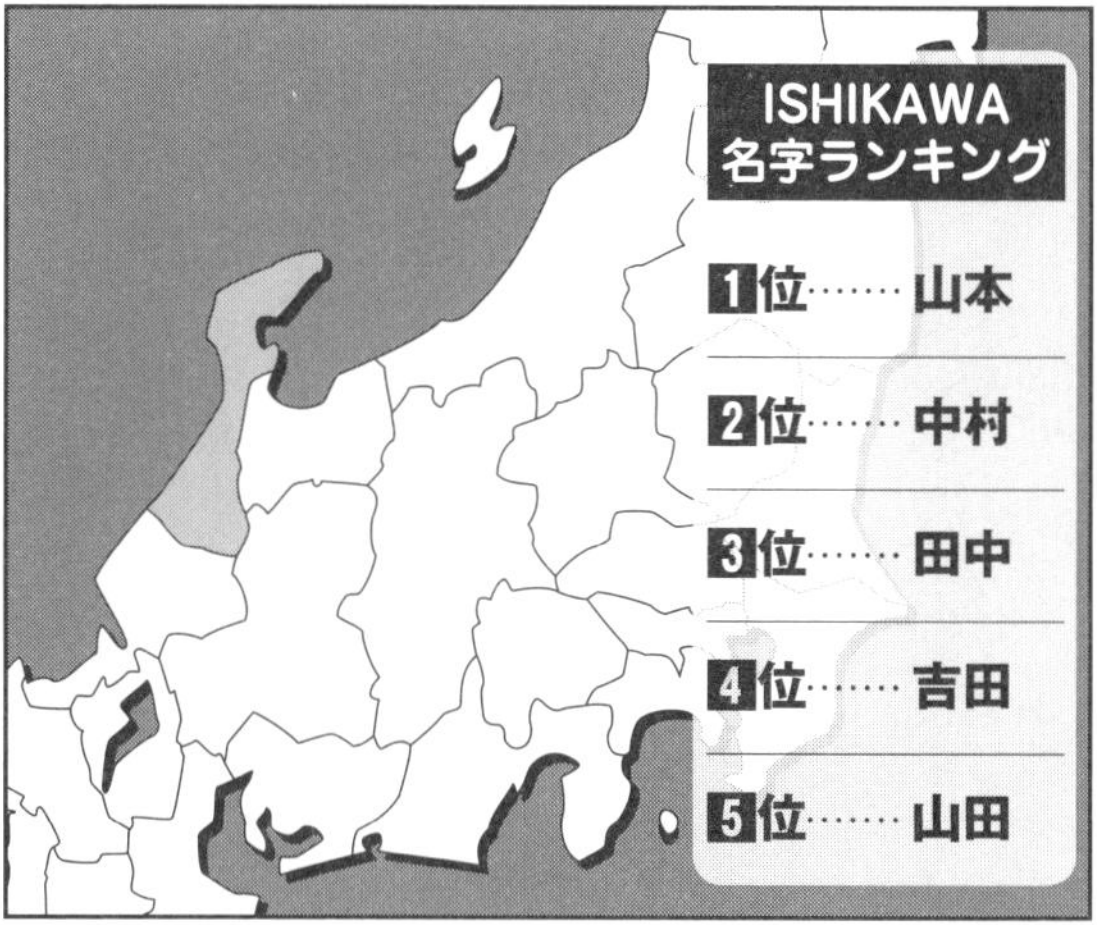

職業関係の言葉をそのまま名字として名付けたケースも

能登半島の七尾市には、「水道《おいどう》」「清酒《せいしゅ》」「尻屋《しりや》」といった一風変わった名字が多い。そのほとんどは職業関係の言葉を名字にしたものと思われるが、「尻屋《しりや》」は一体何を扱っていたのだろうか。ほかにも「延命《えんめい》」「夏至《げし》」といった名字もある。

石川県らしい名字

中出《なかで》　北出《きたで》　道下
表《おもて》　谷内《やち》

珍しい名字

七尾市…水道《おいどう》、清酒《せいしゅ》、
尻屋《しりや》、前座《ぜんざ》
延命《えんめい》　夏至《げし》　王生《いくるみ》
四十万谷《しじまや》　日月《たちもり》
閨《ねや》　面《ほほつき》　髭右近《ひげうこん》

福井県

関西系のなかでも「田中」「山本」がダントツ

人口	767,498人
面積	4,190.51㎢
県庁所在地	福井市
県花・県木・県鳥	花・スイセン 木・マツ 鳥・ツグミ

東日本に多い「斎藤」はまず福井県を中心に栄えた

名字分布パターンは関西系で、「田中」「山本」の2つが飛び抜けて多い。注目は「斎藤」。「さいとう」には、東日本に多い「斎藤」と全国にまんべんなく分布する「斉藤」があるが、福井は関西系であるにもかかわらず、東日本の「斎藤」が17位と圧倒的に多く、「斉藤」は71位。「斎藤」姓の祖とされる藤原利仁の母が越前の出身だったため、まず北陸を中心に栄えたからといわれる。

読みが変わっている名字とほかでは類を見ない名字

福井のランキングを見ると、上位には独特の名字といえるものは少ない。そのなかで、200位以内に入っている「坪田」「白崎」「三田村」「玉村」「天谷」「笠島」などは、福井らしい名字といえる。

また、ユニークなのは「松田」で、通常は「まつだ」「まつた」と読むが、福井には「まった」と読む家がある。「文殊《もんじゅ》四郎《しろう》」というほかにはない珍しい名字も、福井県内に残っている。

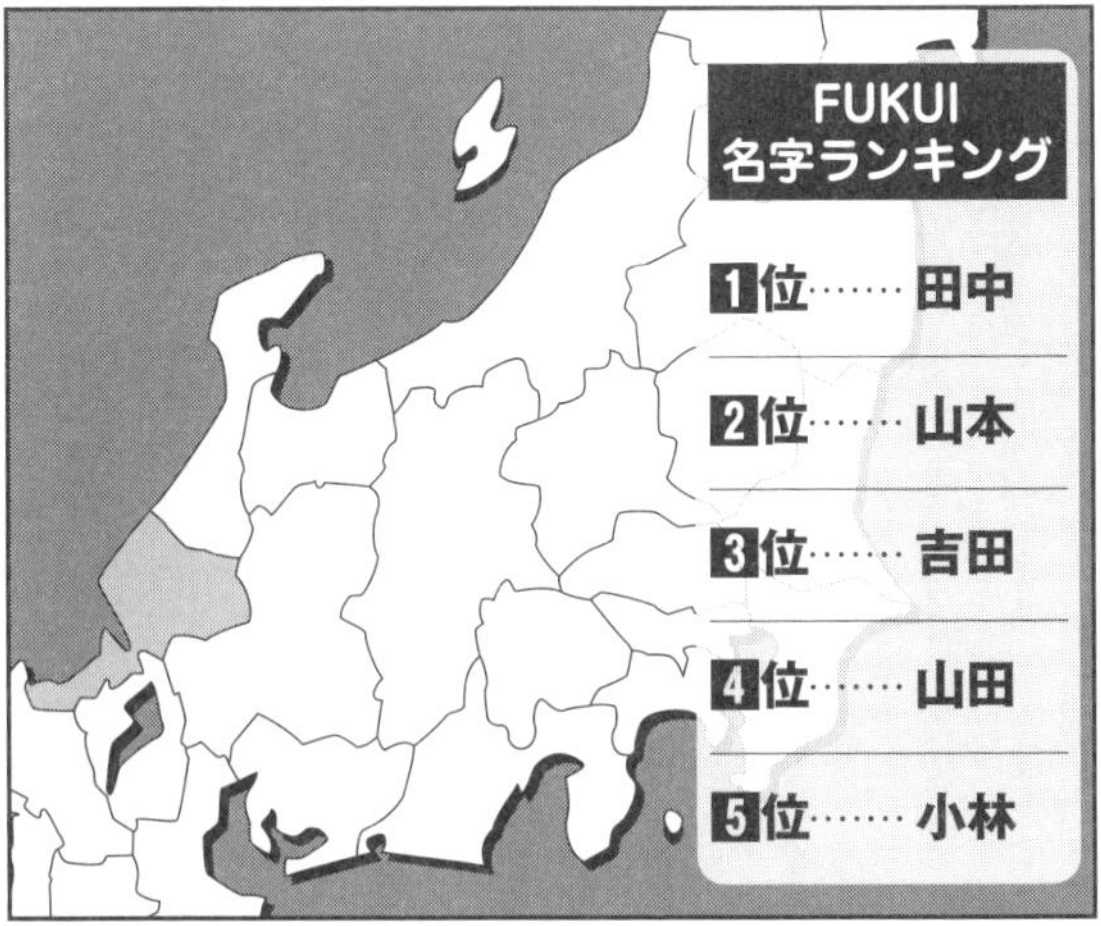

FUKUI 名字ランキング

1位……田中
2位……山本
3位……吉田
4位……山田
5位……小林

「一二三四」をはじめとする珍しい名字がそろった福井

越前市今立地区には「一二三四《ふみし》」という名字がある。「一二三《ひふみ》」は熊本や兵庫をはじめ全国にあるが、「一二三四」は珍しい。ほかにも「吾田《あずた》」「牛若《うし》」「源甲斐《げんかい》」「仕入《しいれ》」「廷々《ていてい》」「臥龍岡《ながおか》」「水戸守《みとも》」といった珍しい名字がある。

福井県らしい名字

坪田　白崎
三田村　玉村
天谷　笠島

珍しい名字

文殊四郎《もんじゅしろう》　二三四《ふみし》
吾田《あずた》　牛若《うしわか》
源甲斐《げんかい》　仕入《しいれ》　廷々《ていてい》
臥龍岡《ながおか》　水戸守《みともり》

山梨県

4位以下を大きく引き離すトップ3の名字

人口
811,306人
面積
4,465.27k㎡
県庁所在地
甲府市
県花・県木・県鳥
花・フジザクラ
木・カエデ
鳥・ウグイス

「渡辺」のナンバーワン獲得は全国でも山梨のみの特徴

山梨1位は「渡辺」。全国でも6位に入る名字だが、都道府県で1位を獲得しているのは山梨のみだ。全国で161位の「望月《もちづき》」が3位に入っているのも珍しい。発祥はとなりの長野だが、望月氏が室町時代に山梨に移住してきたこともあり、現在では長野よりも数が多い。4位の「清水」、6位の「古屋《ふるや》」を含め、他県で上位に入らない名字が多くランクインしているのが山梨の特徴といえる。

甲斐源氏を祖とする武田家からたくさんの名字が生まれた

名将・武田信玄で知られる武田家は、甲斐源氏をルーツとする山梨きっての名門の一族だ。本家は戦国時代に滅んでしまったが、「武田」の名をもつ分家が全国で繁栄しているほか、「小笠原」「柳沢」「逸見」「米倉」「平賀」「曾根」「浅利」「甘利《あまり》」「穴山」「加賀美」といった名字を生み出した。

ほかにも「深沢」「雨宮」「志村」「保坂」「小保《おまた》」など、山梨独特の名字は数多い。

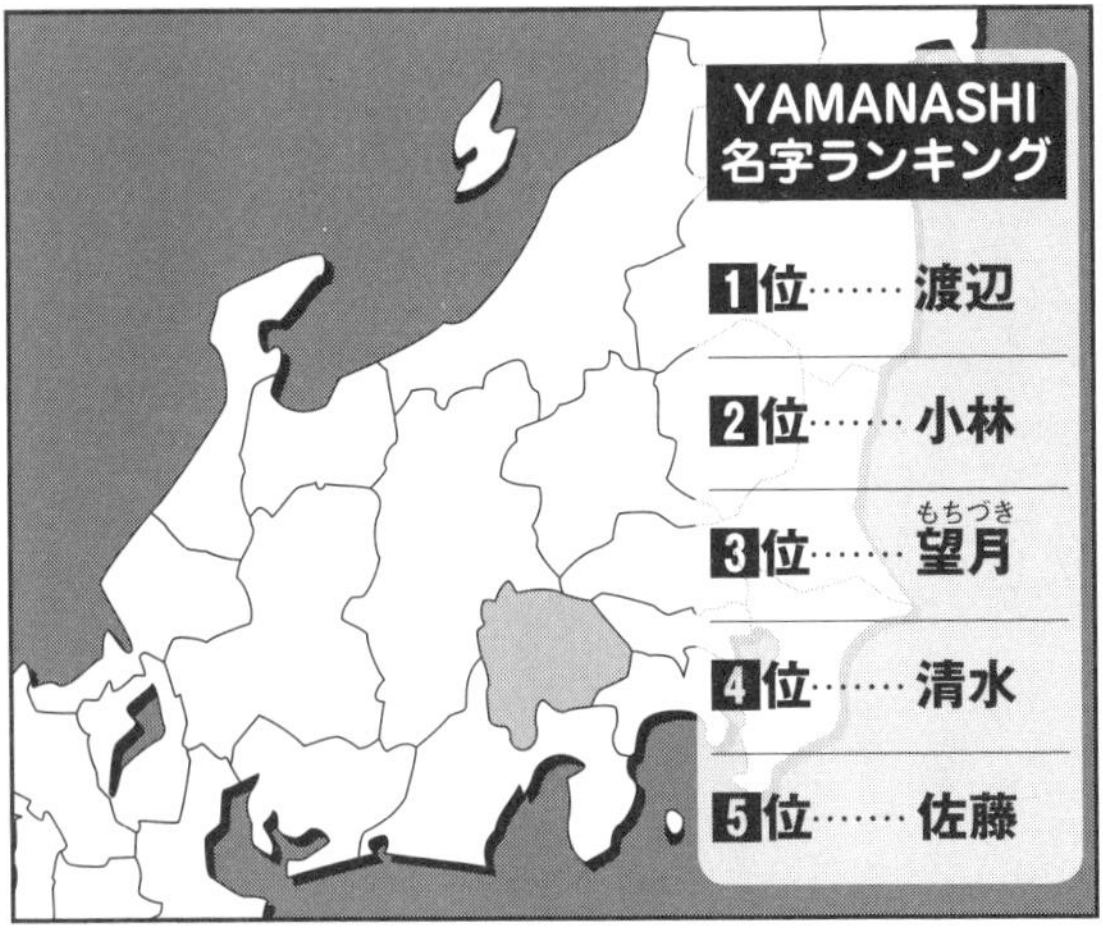

とんちをきかせた難読名字がたくさん見られるのも山梨の特徴

難読名字も多い山梨県。「薬袋」は「みない」と読むが、長寿の里で薬袋を見なくてすんだことからつけられたなど、由来には諸説がある。

そのほか「権正《ごんしょう》」「貴家《さすが》」「流石《さすが》」「鷹左右《たかそう》」「名執《なとり》」「湯舟《ゆぶね》」「宝方《もろかた》」も珍しい名字だ。

山梨県らしい名字

望月《もちづき》　古屋《ふるや》　深沢
雨宮　志村　保坂
小俣《おまた》　中込《なかごめ》　堀内
加賀美　名取

珍しい名字

薬袋《みない》　権正《ごんしょう》　貴家《さすが》
流石《さすが》　鷹左右《たかそう》
名執《なとり》　湯舟《ゆぶね》　宝方《もろかた》

長野県

2位以下に大差をつけて全国の「小林」が集中

人口	2,046,749人
面積	13,561.56km²
県庁所在地	長野市
県花・県木・県鳥	花・リンドウ 木・シラカバ 鳥・ライチョウ

同じ名前がついた地名をもつ「小林」のルーツのひとつ

長野県最多の「小林」は、全国でも9位に入るメジャーな名字。しかし長野への集中度はすさまじく、2位の「田中」に2・6倍もの差をつけてのトップとなっている。「小林」は文字通り小さな林を表す地形から生まれた名字で、そのルーツも全国各地に散らばっているが、長野と群馬には小林という地名もあり、古くからさまざまな文献などに「小林」姓が登場している。

地域によって分布差があるのも面積の広い長野ならでは

長野4位の「丸山」は全国では78位とさほど多くなく、長野を中心に新潟や山梨に分布している。長野ならではの名字はほかに、12位の「柳沢」、13位の「宮下」があげられる。「滝沢」「百瀬《ももせ》」「平林」「唐沢」「花岡」なども長野らしい名字だ。

県の面積が広いので地域によっても差があり、北信地区では圧勝の「小林」も、中信地区では「百瀬」や「丸山」に一歩譲っている。

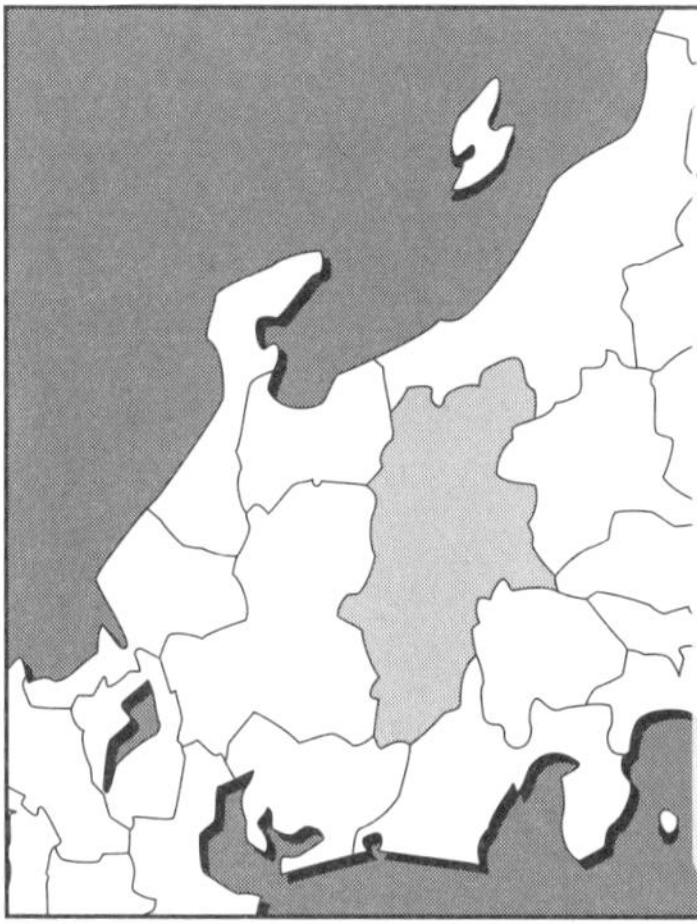

NAGANO 名字ランキング

1位……小林
2位……田中
3位……中村
4位……丸山
5位……伊藤

「沢」のつく名字の数は長野県内だけで300以上

「沢」の字のつく名字が多いのも長野の特徴のひとつ。「宮沢」「柳沢」「滝沢」「西沢」「鮎沢」「松沢」「吉沢」「藤沢」「高見沢」「胡桃沢《くるみざわ》」など多岐にわたっていて、県全体ではなんと300種類を超える「沢」のついた姓がある。

長野県らしい名字

丸山　柳沢　宮下
滝沢　百瀬《ももせ》　平林
唐沢　花岡　宮沢

珍しい名字

胡桃沢《くるみざわ》　織《お》田《だ》大原《おおはら》
金箱《かなばこ》　善財《ぜんざい》　砥石《といし》
昼神《ひるがみ》　位高《やごと》

COLUMN 3

「特技は出身地当て!」と言いたい人へ
名字から出身地を当てよう

日本で一番多い「佐藤」という名字は、188万人に共通する。この名字は東北に比較的多く分布してはいるが、「東北にのみ佐藤あり」というわけでは当然ない。しかし、ひとつの県やひとつの地域に極端に集中する名字、というのは存在するのだ。

例えば宮崎県には「黒木」という名字が集中しており、県で一番多い名字も「黒木」である。読み方は「くろき」と「くろぎ」の2パターンあるが、「黒木」さんに出会ったら「宮崎出身でしょ！」と言ってほぼ間違いないだろう。もし違っていたら「じゃあ鹿児島？」と返してみることだ。鹿児島県にも「黒木」という名字が比較的多い。

以下に、特定の県に多くが集中する名字を挙げる。これらの名字を冠する人に出会ったなら、あなたが「特技は出身地当て！」と明言できる確率が高まる、ということだ。

阿久津《あくつ》（栃木県）　阿南《あなん》（大分県）　越智《おち》（愛媛県）　江頭《えがしら》（佐賀県）　鮫島《さめじま》（鹿児島県）　玉置《たまき》（和歌山県）　西森（高知県）　福士（青森県）

東海

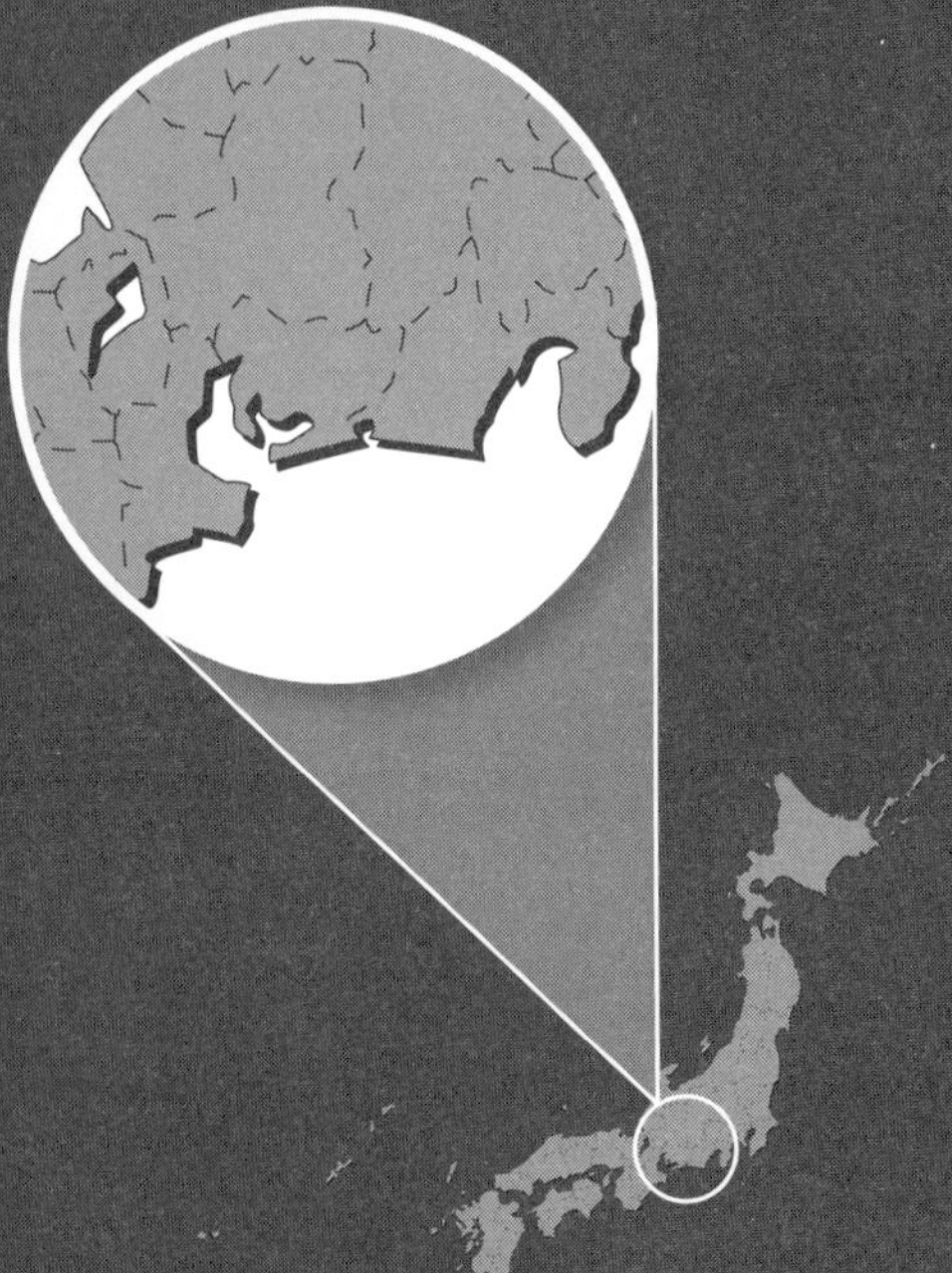

岐阜県
静岡県
愛知県
三重県

岐阜県

最多の「加藤」は有名な武将を数多く輩出

人口	1,970,221人
面積	10,621.29k㎡
県庁所在地	岐阜市
県花・県木・県鳥	花・レンゲソウ 木・イチイ 鳥・ライチョウ

石川県からやってきた「加藤」が岐阜で名将を数多く生んだ

岐阜最多の「加藤」は、全国でも10位とメジャーな名字だが、1位となっているのは岐阜のみ。おとなりの愛知では2位だが、その他の県ではトップ5には入ってこない。加賀の藤原氏を意味する「加藤」のルーツはもちろん石川県だが、一族の一部が岐阜に移り住んだことから広まった。虎退治で有名な戦国武将の加藤清正や、伊予《いよ》大洲《おおず》藩主の加藤家はいずれも岐阜の加藤出身だ。

県内きっての名家も多く歴史上の有名人材も次々登場

県東部にある土岐《とき》市を本拠地として栄えた「土岐」一族は、岐阜きっての名家。『忠臣蔵』の浅野内匠頭《たくみのかみ》や、織田信長を討った明智光秀も同族だ。

また、長野との県境にある中津川市には「遠山」氏が大名として君臨し、明智町には分家の旗本が領地をもっていた。明智町の遠山家から生まれたのが遠山の金さんこと遠山景元《かげもと》。岐阜の名家からはたくさんの有能な人材が生まれている。

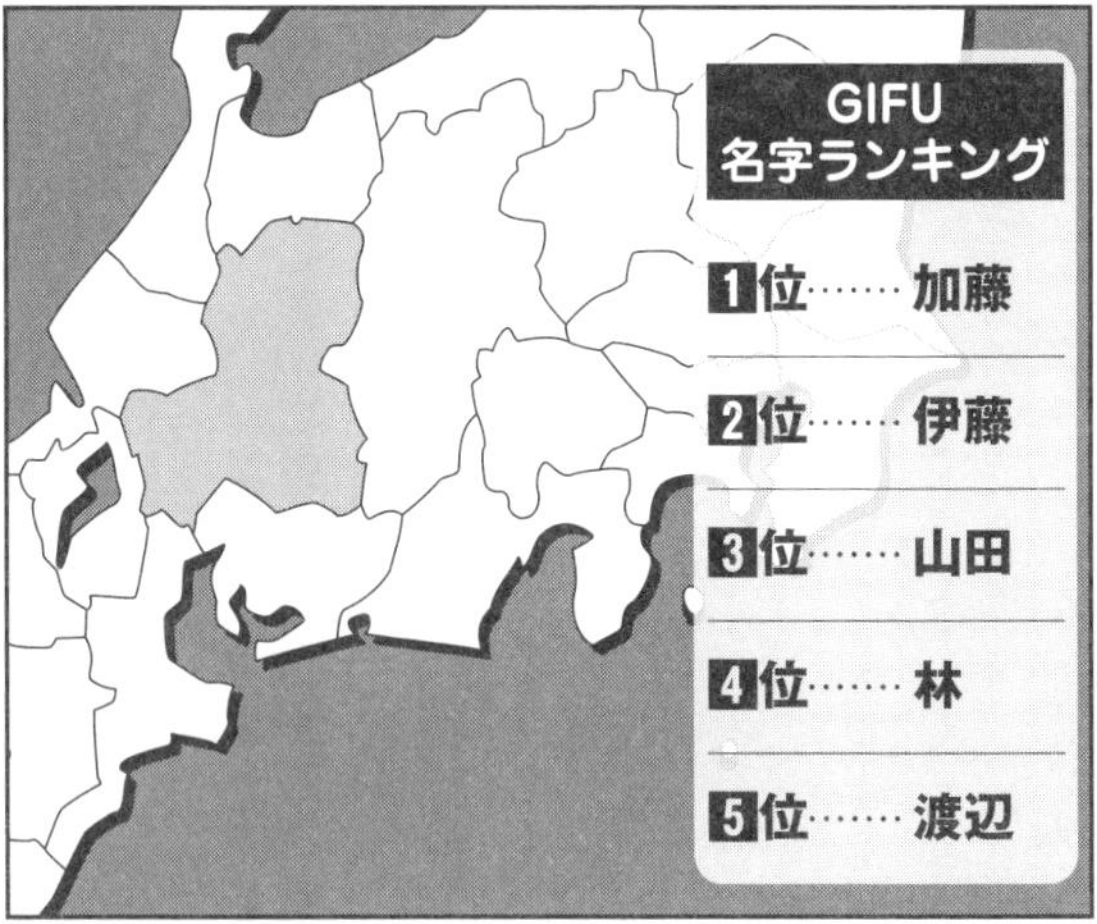

GIFU
名字ランキング

1位……加藤
2位……伊藤
3位……山田
4位……林
5位……渡辺

書くのにも苦労する名字が省略した形で広がった

岐阜を代表する難読名字が「纐纈《こうけつ》」。あまりにも漢字が難しいので、漢字のまんなかだけをとって「交告」と書く家も多い。正しくは「交吉」になるはずなのだが、なぜか「吉」の字が「告」に変わってしまっている。

岐阜県らしい名字

村瀬　日比野
長屋　安江　鷲見《すみ》
川瀬　棚橋　各務《かがみ》

珍しい名字

纐纈《こうけつ》　交告《こうけつ》
石徹白《いとしろ》　可児《かに》
佐曾利《さそり》　殿地《どんじ》
保母《ほぼ》　校條《めんじよう》

静岡県

「鈴木」が県の総人口の5％を占める

人口	3,604,590人
面積	7,777.42k㎡
県庁所在地	静岡市
県花・県木・県鳥	花・ツツジ 木・モクセイ 鳥・サンコウチョウ

全国一「鈴木」が集中していて県南部には「鱸」の別字も存在

かつて、日本で一番多い名字は「鈴木」だと思われていたが、それは東京周辺に限ったこと。実は「佐藤」が全国最多と訂正されたが、「鈴木」が集中している地域も東京ではなく静岡であることがわかった。静岡では「鈴木」が人口の5％以上を占めていて、2位の「渡辺」は「鈴木」の3分の1。特にその傾向は県西部に強く、浜松市には同じ「すずき」でも「鱸」と書く名字もある。

藤原南家流から誕生した地名を名乗る数多くの末裔

静岡らしい名字としては「杉山」「青島」「村松」「池谷《いけや(がや)》」「芹沢《せりざわ》」「袴田《はかまだ》」などがある。なかでも「勝又《かつまた》」「勝間田《かつまた》」は県を代表する名字で、全国の「かつまた」の約半分が静岡在住だ。

また、静岡県東部は藤原南家流の本拠地で、その一族からは「天野」「入江」「宇佐美」「岡部」「狩野」「吉川」「相良」といった県内の地名をそのまま名乗った名字が数多く輩出されている。

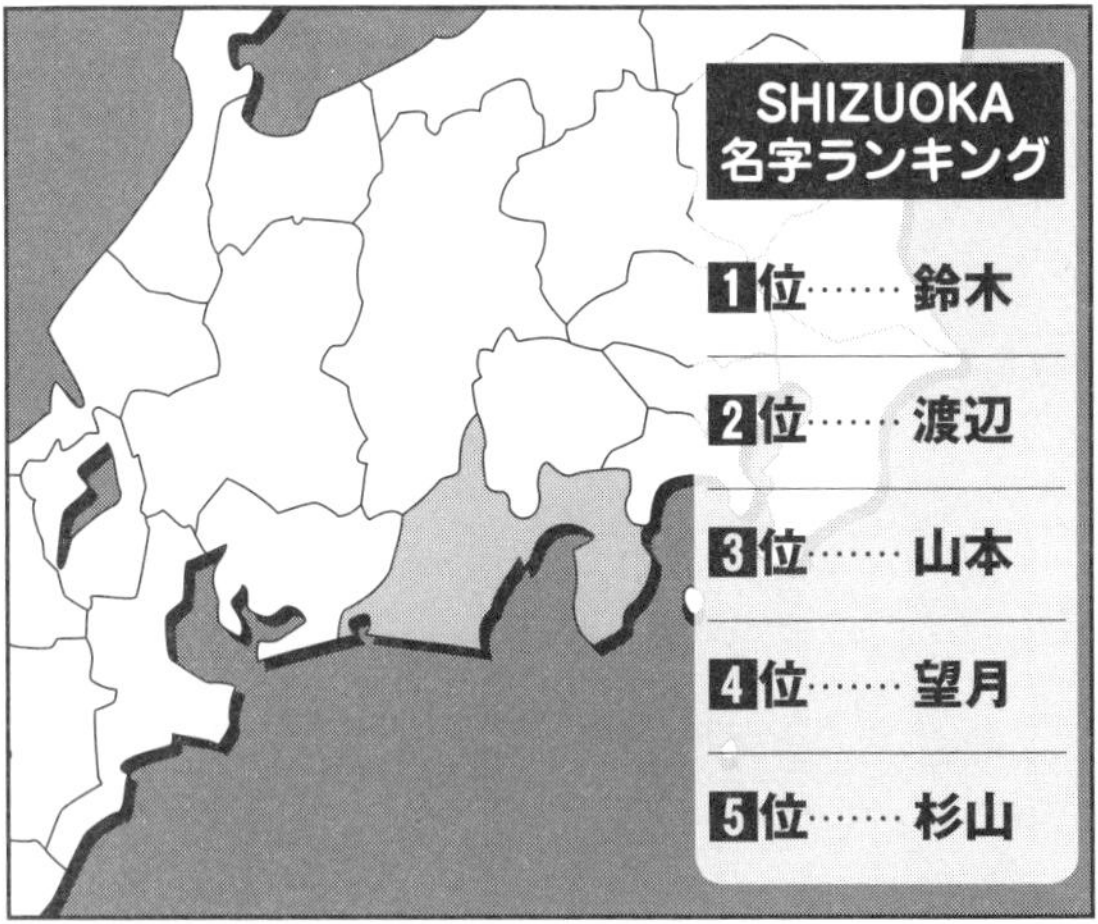

SHIZUOKA 名字ランキング

1位……鈴木

2位……渡辺

3位……山本

4位……望月

5位……杉山

◇◇

なぜか山梨には見られない「やまなし」が静岡に集中

肝心の山梨県にはほとんど見られない「山梨」が、なぜか静岡市清水を中心に分布。山がなければ月がきれいに見えるという理由から「月見里」と書いて「やまなし」と読ませるユニークな名字まで存在する。

静岡県らしい名字

勝又《かつまた》　勝間田《かつまた》

杉山　青島　村松

池谷《いけや(がや)》　芹沢《せりざわ》　袴田《はかまだ》

珍しい名字

旧清水市…山梨《やまなし》、月見里《やまなし》

浮気《うき》　小粥《おかゆ》　孫六《まごろく》

五十右《いみぎ》　百足山《むかでやま》

愛知県

各地から多くの氏族が流入した中部の中心

人口	7,327,567人
面積	5,172.92km²
県庁所在地	名古屋市
県花・県木・県鳥	花・カキツバタ 木・ハナノキ 鳥・コノハズク

飛び抜けて数の多いトップ3も愛知発祥の名字はひとつもなし

トップ3の「鈴木」「加藤」「伊藤」の人数が飛び抜けて多いのが愛知の特徴。しかし、それぞれのルーツを見ると、「鈴木」は熊野、「加藤」は加賀、「伊藤」は伊勢と、いずれも愛知に縁はない。それがほかの名字を圧倒するまでに増えたのは、交通の便のよさや肥沃な土地柄によるところが大きいだろう。20位までを見渡しても、13位の「杉浦」以外、上位にはごく一般的な姓が並んでいる。

徳川家康の出身地には「徳川」姓が見られない

安城《あんじょう》市を中心とした三河地方には「杉浦」「神谷」が多いが、三河といえばやはり徳川家。もともとは「松平」を名乗っていたが、家康が三河守となったときに「徳川」と改姓した。一族とはいえ同じ「徳川」姓を名乗れるわけではなかったため、三河に「徳川」が多いということはない。

余談だが佐賀県には別流の徳川家があり、今でも北九州には「徳川」という家が残っている。

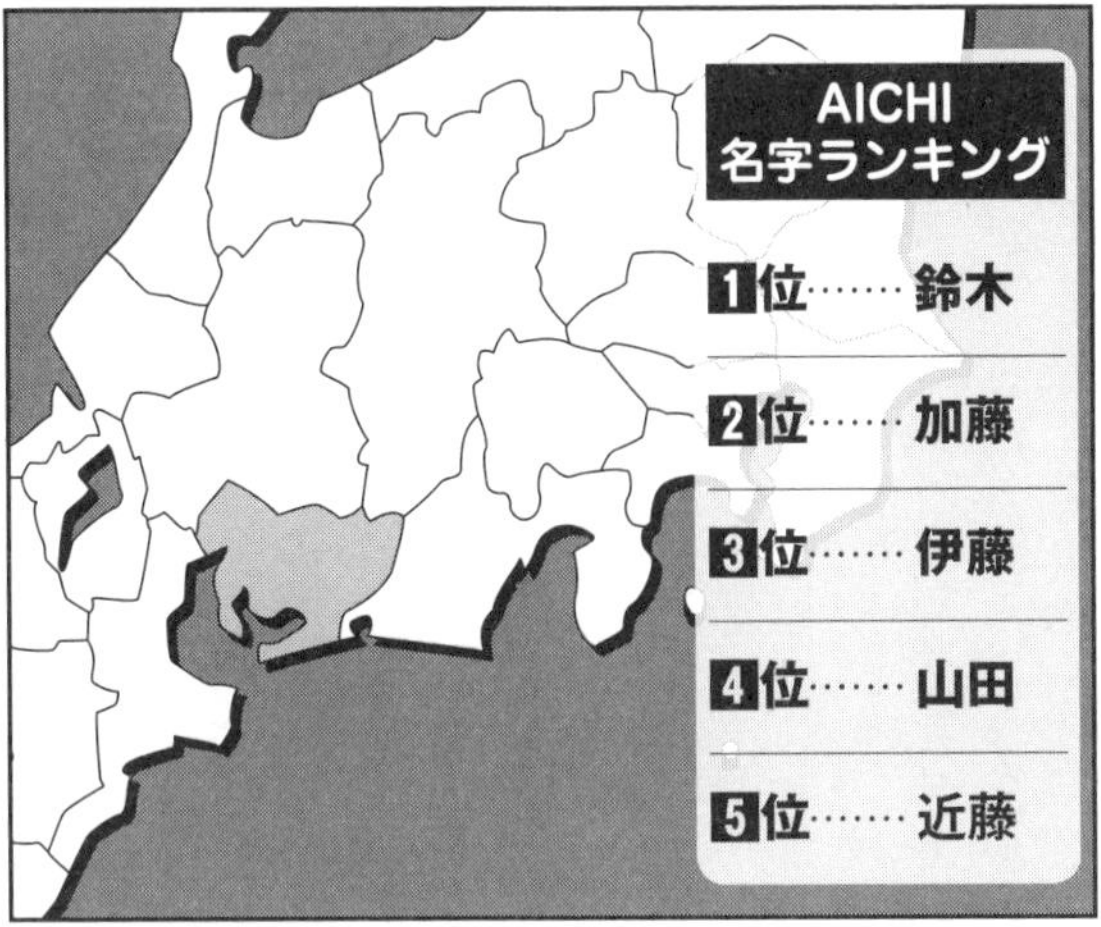

AICHI 名字ランキング

1位……鈴木
2位……加藤
3位……伊藤
4位……山田
5位……近藤

愛知県だけに集中している独自の名字もいっぱい

「鬼頭」「丹羽《にわ》」「都築《つづき》」「新美《にいみ》」「犬飼《いぬかい》」「今枝」などは、全国でも愛知県に集中して見られる名字だ。

そのほかに珍しい名字として、「田舎片《いなかがた》」「久曾神《きゅうそじん》」「朏《みかづき》」「毛受《めんじゅ》」などがある。

愛知県らしい名字

杉浦　神谷　鬼頭
丹羽《にわ》　都築《つづき》　新美《にいみ》
犬飼　今枝

珍しい名字

田舎片《いなかがた》　久曾神《きゅうそじん》
雲英《きら》　朏《みかづき》　毛受《めんじゅ》
樹神《こだま》　印貢《よしずみ》

三重県

東西の名字分布の分岐点が県中央に存在

人口	1,763,215人
面積	5,774.41k㎡
県庁所在地	津市
県花・県木・県鳥	花・ハナショウブ 木・ジングウスギ 鳥・シロチドリ

県全体で見ると東西の特徴が混じりあったランキングに

三重県で一番多い名字は「伊藤」。全国でも5位と多い名字だが、もとは伊勢の藤原氏という意味なので、三重県で最多というのも当然だ。

2位以下は「山本」「中村」「田中」……と続いていて、関東系と関西系が混じっている。地域ごとに細かく調べると、県の中央部を流れる雲出川《くもず》を境に、東が関東系、西が関西系になっていることがわかる。三重が名字の分岐点ともいえよう。

伊勢神宮の神官の家系が数多くの名字の祖となった

三重ならではの名字には「水谷」「服部《はっとり》」「中西」「中森」「瀬古《せこ》」などがあり、なかでも「水谷」は代表格。全国に9万人弱いる「水谷」さんの半数近くが、三重県北部から愛知に住んでいる。

伊勢神宮の神官を務めた荒木田氏や度会《わたらい》氏の一族も多く、荒木田系では「浦田」「沢田」「沢村」、度会系では「川辺」「久志本」「出口」といった名字が生まれている。

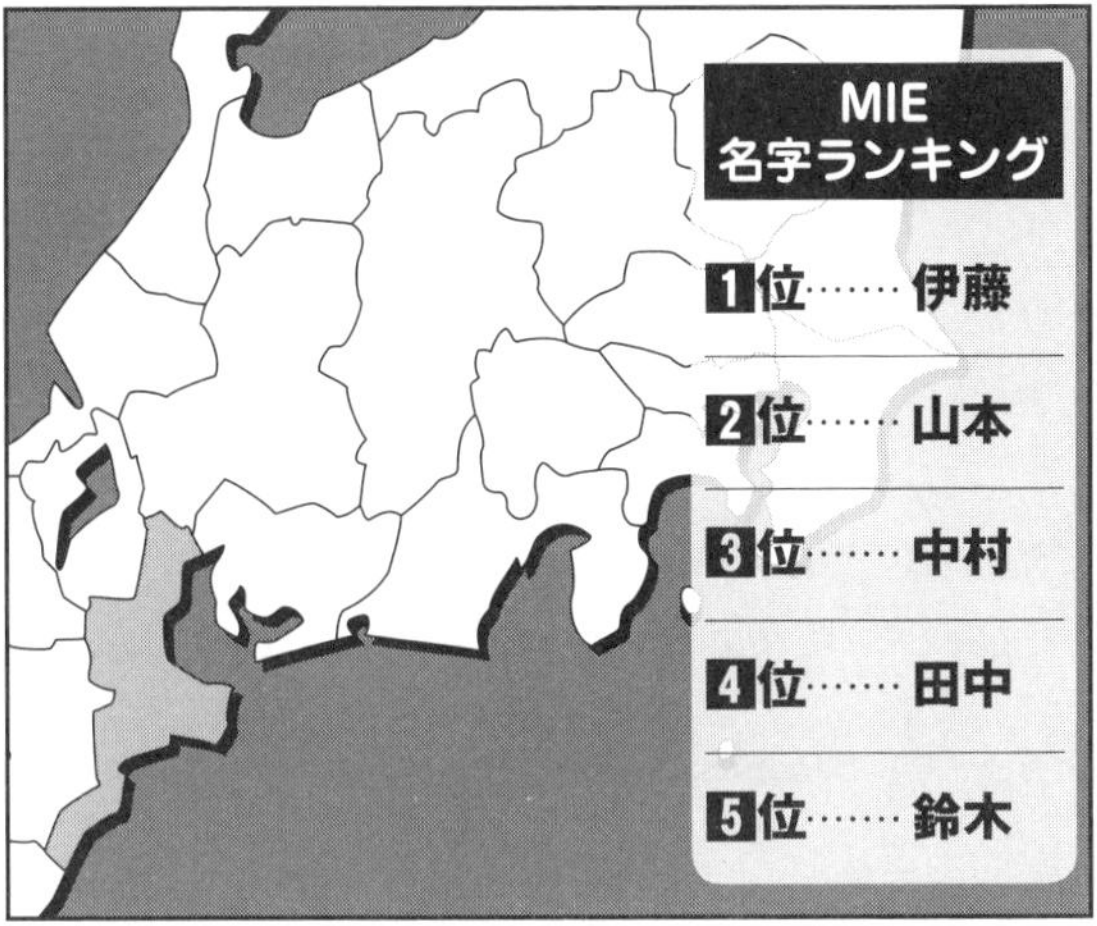

海賊集団から生まれた名字も現代に生き残っている

戦国時代に三重県を本拠地とした海賊集団がいて、なかには「鬼」の字を使った恐ろしげな名字が見られた。「三鬼《みき》」「四鬼《しき》」「五鬼上《ごきじょう》」「九鬼《くき》」などは現代にも生き残っている。ほかに「宇治土公《うじとこ》」「垂髪《うない》」などの難読名字も存在する。

三重県らしい名字

水谷　服部《はつとり》　中西
中森　瀬古《せこ》　出口
三鬼《みき》

珍しい名字

宇治土公《うじとこ》　垂髪《うない》
上ヱ地《うえじ》　雲切《くもきり》
積木《つみき》　二之湯《にのゆ》
肥満《ひまん》　真弓《まゆみ》　村主《すぐり》

COLUMN 4

大元を辿れば、どの名字もここにつながる?
名字のルーツ・源平藤橘

源氏・平氏・藤原氏・橘氏、彼らをまとめて「源平藤橘《げんぺいとうきつ》」と呼ぶ。本書にもたびたび登場するこの4つの貴族は、名字について語るうえでは大変に重要なキーパーソン。「どんな名字でもその大元をたどれば必ず源平藤橘のどれか、もしくは天皇家に行きつく」と言う人さえいる。

そこで、以下に4つの貴族、それぞれのルーツを記しておく。

・源氏(現在では大阪府のほか、石川県や富山県に多い)

814(弘仁5)年、第52代天皇・嵯峨《さが》天皇の皇子が天皇家から「源」の姓を賜ったことに始まる。嵯峨天皇から生まれた嵯峨源氏以外にも、清和源氏、村上源氏、宇多源氏など、およそ20系統の流れがある。

・平氏(現在では東北地方に多い)

平氏の始まりは、825(天長2)年に白壁王《しらかべおう》(のちの光仁《こうにん》天皇)の第一皇子・桓武天皇の子孫が「平」姓を賜ったこと。平氏にもいくつか系統があるが、この桓武平氏がもっとも栄えた。

・藤原氏(現在では兵庫県や山陰・山陽地方、秋田県、岩手県に多い)

中臣鎌足が645年の大化の改新後に天智《てんじ》天皇から賜ったのが「藤原」姓。この姓は南・北・式・京の四家に分かれ、藤原四家の祖となった。そののち、南、式、京の三家は振るわず、北家のみが栄えた。

・橘氏(現在では兵庫県に多いが、筑後柳河の立花氏は藤原北家の流れ)

古くまでさかのぼって奈良時代、敏達天皇の子孫・諸兄《もろえ》が祖。左大臣となって活躍した彼だが、子の奈良麻呂《ならまろ》は藤原氏排斥に失敗、その孫の逸勢《はやなり》は謀反首謀者に。このせいか、橘氏の子孫はほかの三氏に比べて少ない。

第二章

都道府県別
名字の地図帳&ご当地名字
【西日本編】

関西より西の地域には、
珍名&難解名字がたくさん!
あなたの街にはどんな名字の人がいるのでしょう?

西

西日本の名字の地図帳

西日本型の名字とは？

「田中・山本」型。東日本と違い名字がバラエティに富んでおり、この2つが上位を独占するというわけではないが、ほとんどの府県に分布している。そのほか、井上、中村、松本、吉田なども西日本らしい名字である。

東日本型の解説（12ページ）で日本海側、太平洋側の東西の分かれ目について説明したので、ここでは内陸部の境目について考えてみよう。

内陸部の境目は、岐阜県不破《ふわ》郡にあると思われる。県全体では加藤と伊藤が多い東日本型であるのに、西にいくにつれて田中や吉田が増加。不破郡には垂井《たるい》町と関ヶ原町のふたつの町があり、郡の東側にある垂井町には岩田・桐山・広瀬といった岐阜県らしい名字が多い。そして西側の関ヶ原町では、西村・田中・吉田・山田と西日本型の名字が多くを占めるのである。

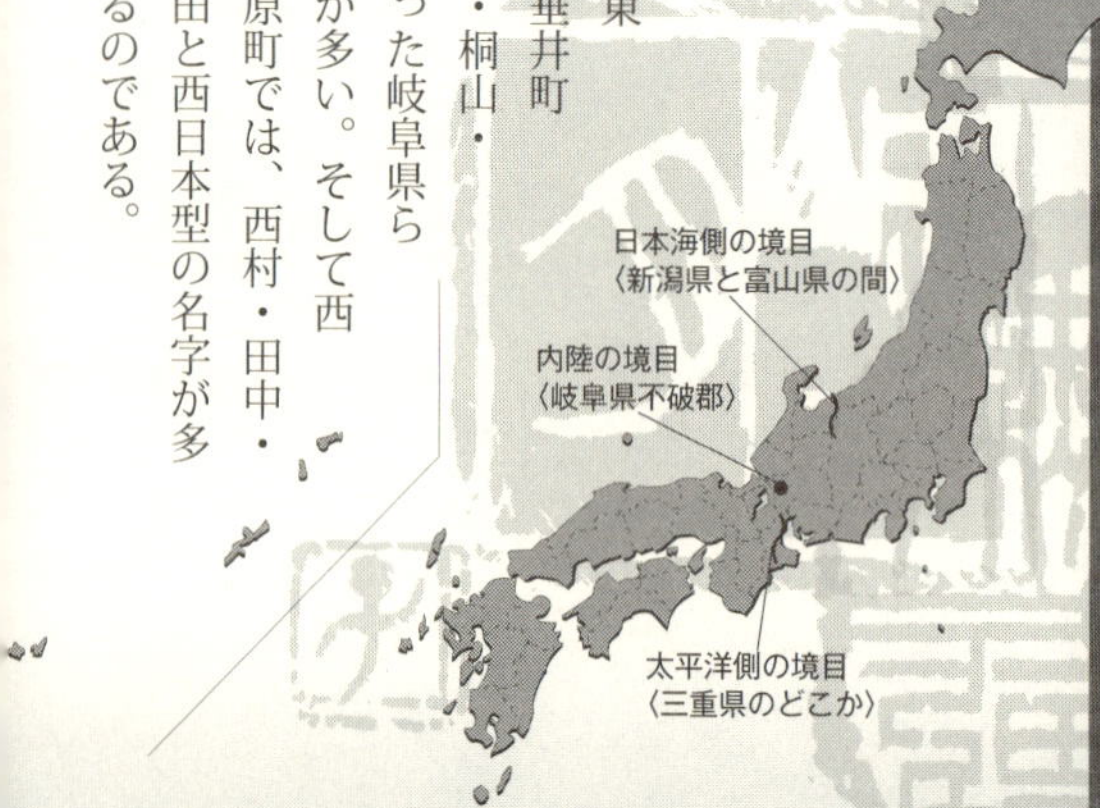

関西

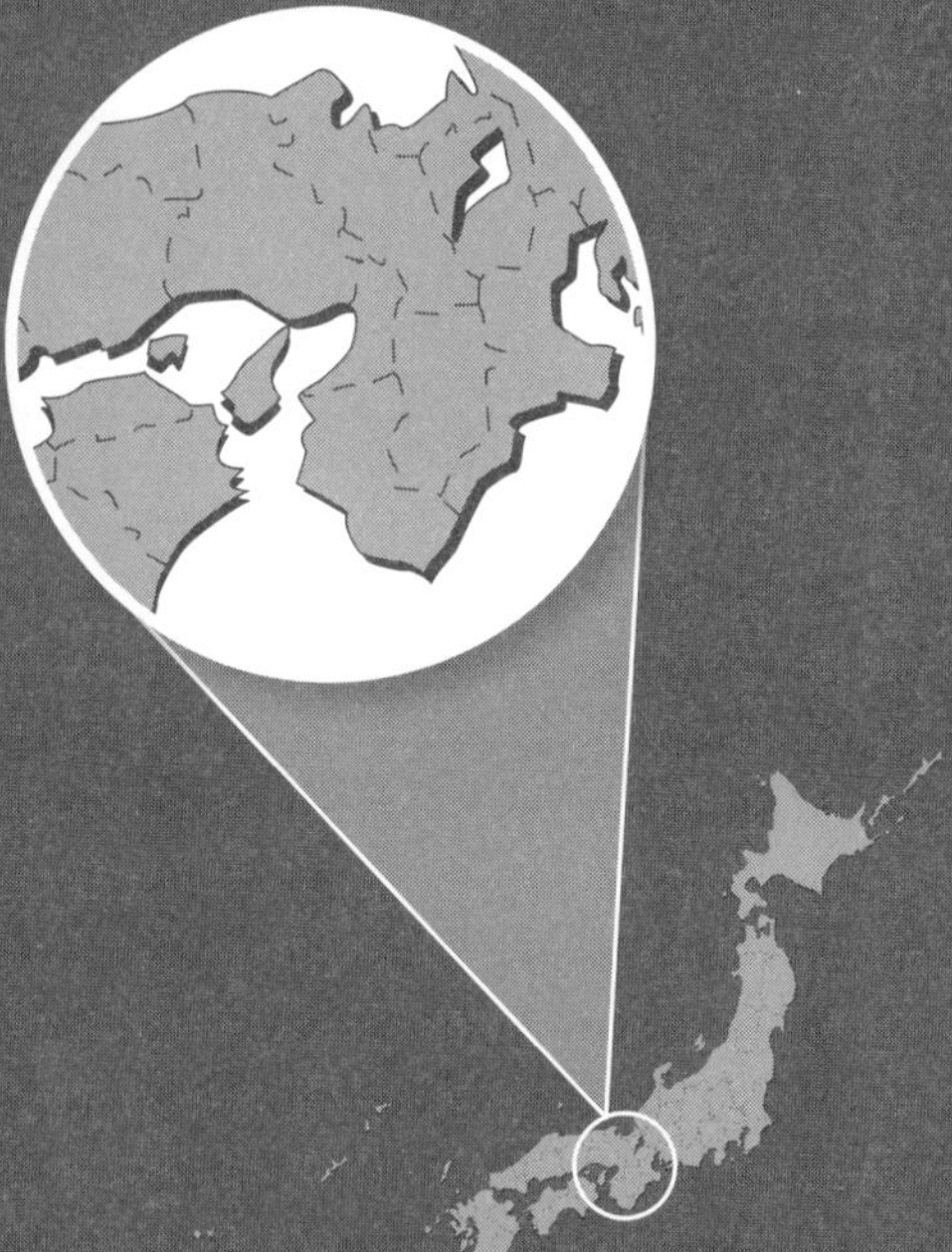

滋賀県
京都府
大阪府
兵庫県
奈良県
和歌山県

滋賀県

典型的な関西パターンの中にも独自色

人口	1,390,254人
面積	4,017.38k㎡
県庁所在地	大津市
県花・県木・県鳥	花・シャクナゲ 木・モミジ 鳥・カイツブリ

のどかな田園風景を思わせる滋賀ならではの名字の数々

5位まではごく典型的な関西パターン。しかし、それ以下の順位になると滋賀らしい特徴が出てくる。6位の「北川」と7位の「中川」は、人口に対する密集率でどちらも滋賀が1位。13位の「北村」、15位の「奥村」、16位の「辻」も、ほかでは上位に入ってこない滋賀らしい名字だ。

ほかに、「田」「山」「川」「村」など農村風景を思わせる漢字が入った名字が多いのも特徴だ。

東北地方に多い「佐々木」は関西に位置する滋賀がルーツ

滋賀らしい名字として、ほかには「藤居」「田井中」「国松」「夏原」「饗庭《あえば》」「伊富貴《いぶき》」「松居」「桂田」などがあげられる。

東北地方や中国地方に多く、全国でも13位に入っている「佐々木」は、もとをたどると近江国蒲生《がもう》郡佐々木（現在の滋賀県近江八幡市）がルーツ。だが現在は、滋賀では73位とさほど多くはない。

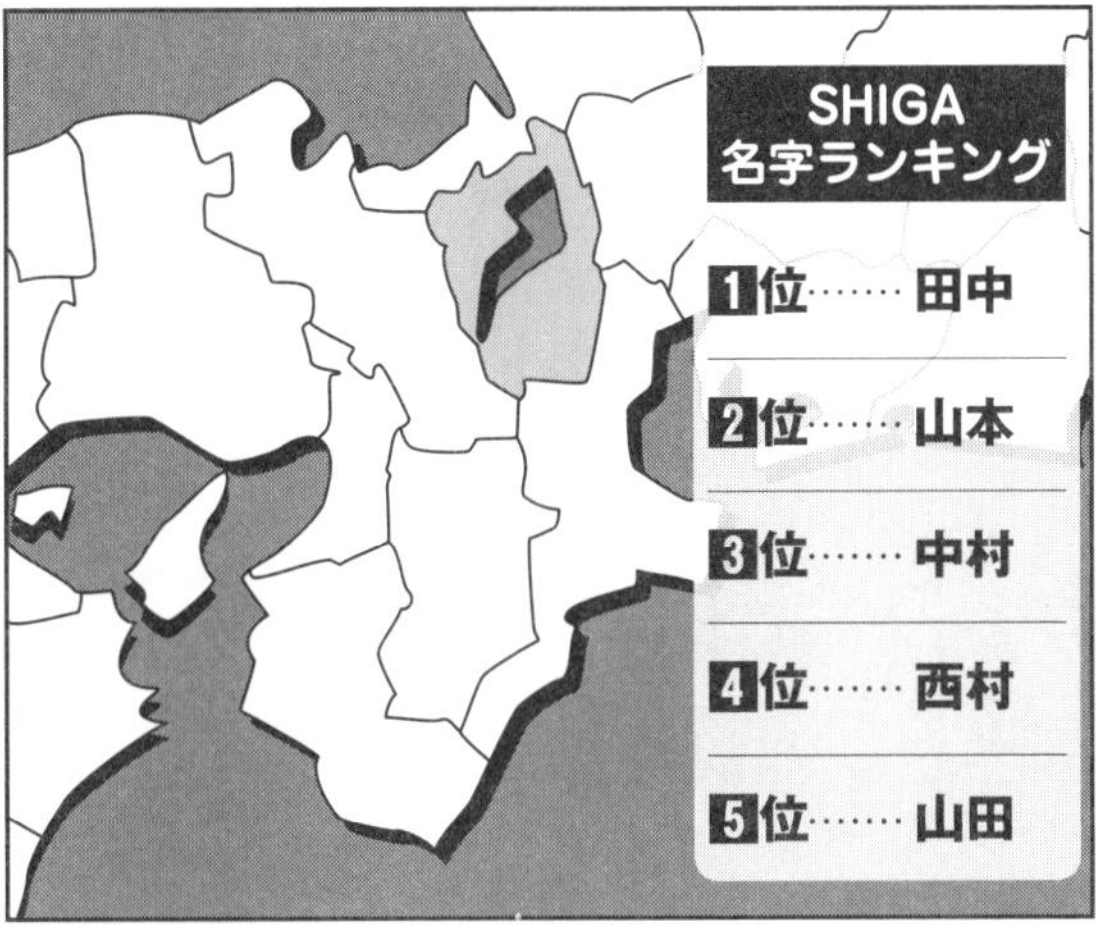

平凡な姓も1文字変えるだけで滋賀ならではの名字に変身

他県では見られない特徴として、滋賀では「藤居」「安居」「松居」「寺居」のように、「井」の字を使わずに「居」を用いた名字が多い。そのほか、古代の土地制度に由来する「口分田《くもで》」、仏の性質という意味の「仏性《ぶっしょう》」などの珍しい名字がある。

滋賀県らしい名字

藤居　田井中
国松　夏原　饗庭《あえば》
伊富貴《いぶき》　松居
桂田　寺居

珍しい名字

口分田《くもで》　仏性《ぶっしょう》
明保野《あけぼの》　有馬殿《ありまでん》
野一色《のいしき》　歯黒《はぐろ》

京都府

全国から人が集まった1000年続く都

人口	2,550,557人
面積	4,612.20k㎡
府庁所在地	京都市
府花・府木・府鳥	花・シダレザクラ 木・キタヤマスギ 鳥・オオミズナギドリ

京都らしいイメージの公家名字も現代まで残っているのは少数

平安時代から1000年以上も都が置かれていた京都には、長い時間をかけて多くの人が移り住んだ。そのため特徴のある名字は少なく、トップ5を見ても関西型の平凡な名字が並んでいる。

公家の名字として一般にイメージされる「小路」がつく名字には「綾小路《あやのこうじ》」「姉小路《あねこうじ》」「押小《おしのこう》路《じ》」「武者小路《むしゃのこうじ》」などがあり、京都には「万里小《までのこう》路《じ》」「北小路《きたこうじ》」などが残っている。

見た目は普通でも読みが珍しい公家言葉がもとになった名字

都から離れて北部の丹波や丹後に目を移すと、独特の名字もいくつかある。「四方《しかた》」という名字は全国でも9600人程度だが、そのうちの3300人が北部の綾部市に集中している。

また、公家系の名字には変わった読みも多く、「石井」と書いて「いわい」、「久我」と書いて「こが」、「愛宕」と書いて「おたぎ」、「池尻」と書いて「いけがみ」と読む名字がある。

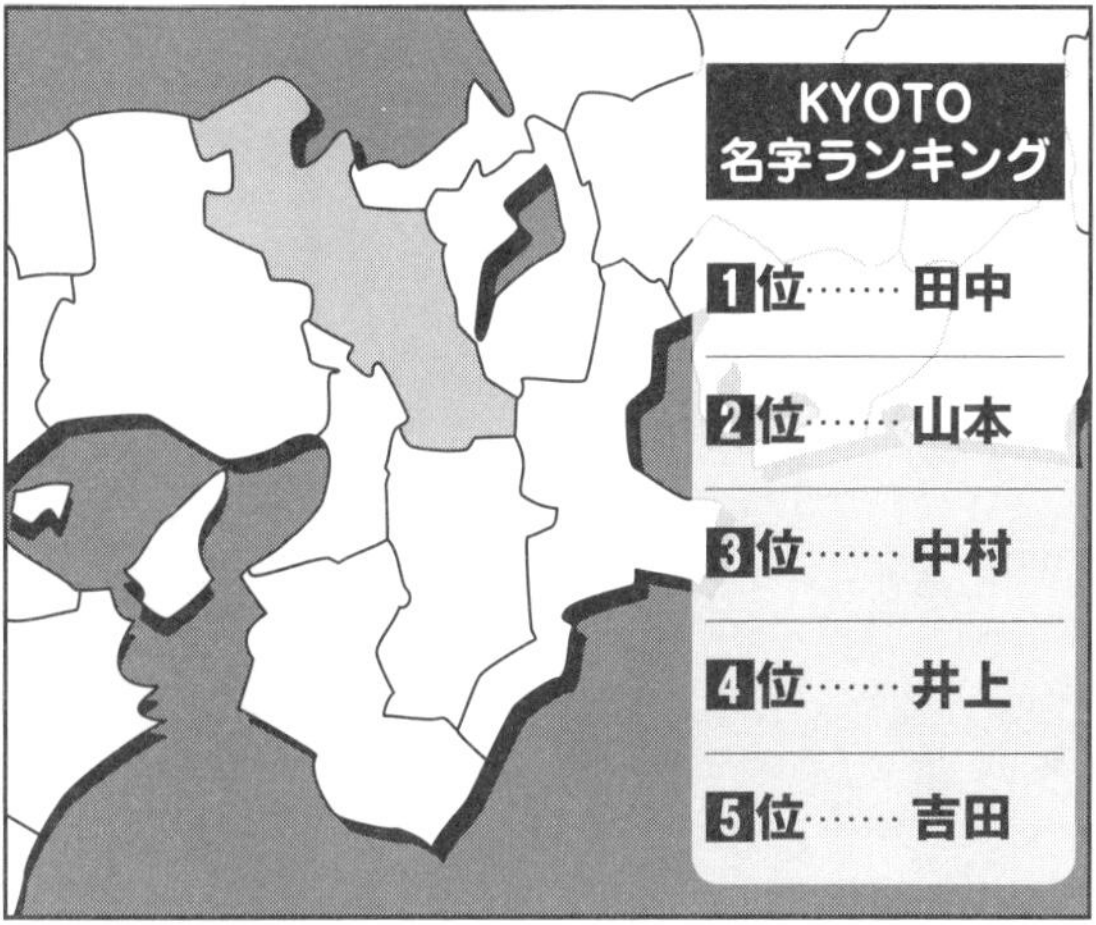

KYOTO 名字ランキング

1位……田中
2位……山本
3位……中村
4位……井上
5位……吉田

向日に見られる「一口」は ちょっとひねった読みが特徴

ユニークな名字として挙げられるのは、向日《むこう》市の「一口《いもあらい》」。出入り口が一つしかないと混雑することからきている。また、下鴨《しもがも》神社の神官がルーツとされる「鴨脚《いちょう》」は、鴨の足がイチョウの葉に似ていることからこのような漢字になったそうだ。

京都府らしい名字

四方《しかた》　塩見　大槻《おおつき》

珍しい名字

向日市…一口《いもあらい》

鴨脚《いちょう》　愛宕《おたぎ》　池尻《いけかみ》

采尾《うねお》　毛鎗《けやり》　舌《ぜつ》

谷利《せり》　覗渕《のぞきぶち》

六人部《むとべ》　物集女《もずめ》

大阪府

独自色がなくなってしまうのは大都市の宿命

人口
8,656,601人
面積
1,905.14k㎡
府庁所在地
大阪市
府花・府木・府鳥
花・ウメ/サクラソウ
木・イチョウ
鳥・モズ

西日本の名字分布を圧縮した関西の典型的なパターン

東京と同じように、大阪も人口が集中する土地。ランキングを見ると大阪独自の特色は薄く、西日本全体の名字の縮図のようになっている。「田中」「山本」が多いのが関西のパターンだが、大阪では3位以下を大きく引き離しているのが特徴といえるだろう。続く名字は「中村」「吉田」「松本」「井上」「山田」「山口」で、関東の上位に比べて画数が少ない文字が多いのも特徴だ。

面積の狭い大阪府内でも南部には独自の名字が現存

大阪は面積も狭いため、地域ごとの特徴はほとんどないが、南部の泉佐野市には「塩谷」「泉谷」など「谷」のつく名字が多い。「小間物谷」「岸和田谷」「日根野谷」などもあり、「屋」のついた屋号の文字を「谷」に変えて名字としたもの。

また五十音順では一番最初の名字となる「あい」と読む名字もあり、北部の茨木市にはそのうちのひとつ「安威」の発祥となった場所がある。

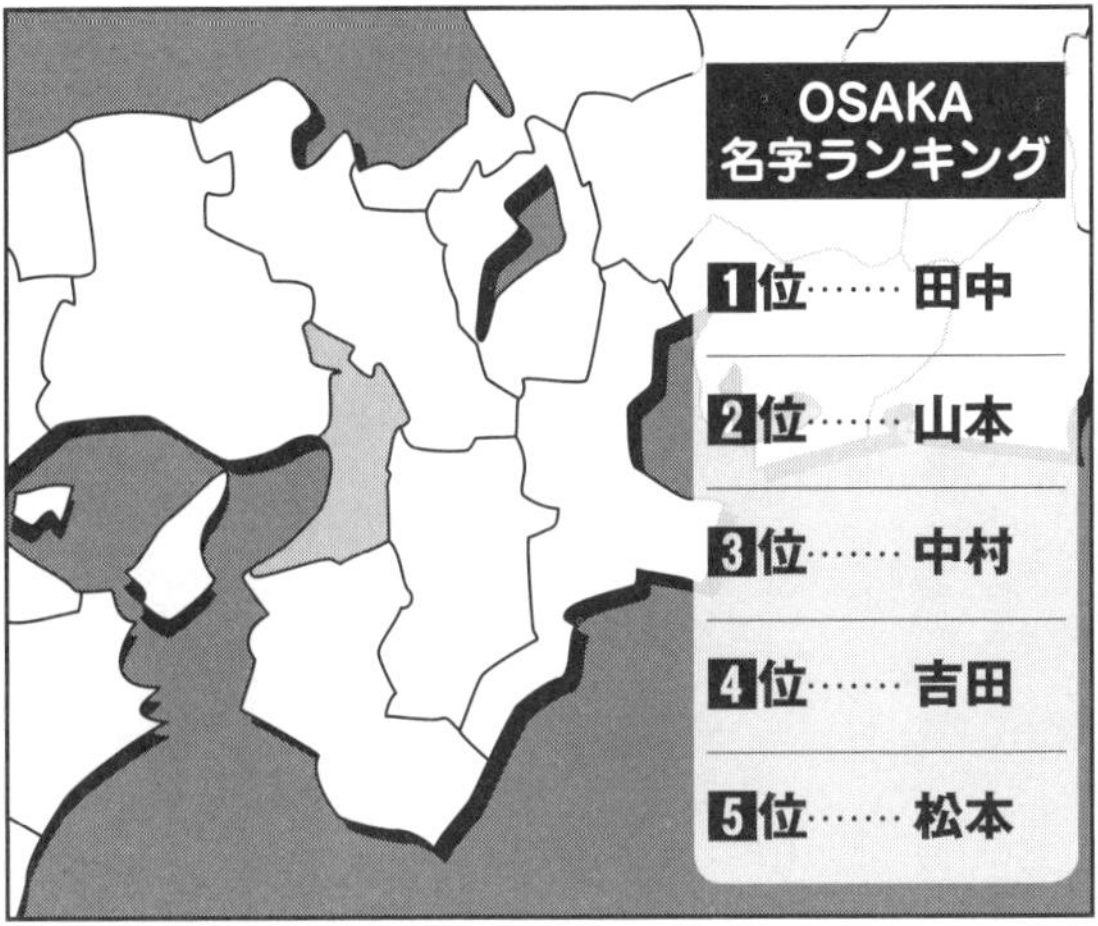

地名をとった独自の名字のほかに珍しい難読名字も残っている

「東野《ひがしの》」は数少ない大阪らしい名字。また、大阪の地名由来の名字には「芥川」「茨木」「日根野」などがある。泉佐野市に多い「谷」のつく名字には変わったものも多く、「熊取谷《くまとりや》」「信達谷《しんだちや》」「嘉《か》祥《しょう》寺《じ》谷《や》」などがあげられる。

大阪府らしい名字

東野《ひがしの》

珍しい名字

泉佐野市…熊取谷《くまとりや》

信達谷《しんだちや》、嘉祥寺谷《かしようじや》

時子山《とこやま》　鼻毛《はなげ》

遍々古《べべこ》　物種《ものだめ》

辺牟木《へむき》　指吸《ゆびすい》

夜明《よあけ》　右衛門佐《よもさ》

兵庫県

関西地区と山陰地方の特徴がミックス

人口
5,417,248人
面積
8,400.94km²
県庁所在地
神戸市
県花・県木・県鳥
花・ノジギク 木・クスノキ 鳥・コウノトリ

中国地方全般に見られる「藤原」も数だけでいうと兵庫がダントツ

ランキング上位で注目は4位の「藤原」と、12位の「藤本」。「藤原」は東北地方と中部地方に多い名字だが、一番数が多いのは兵庫。「藤本」は瀬戸内海沿岸に多く見られるが、人口比では山口県に多く、絶対数では兵庫と大阪に多い。

江戸時代には摂津、播磨《はりま》、但馬《たじま》、丹波、淡路の5つに分かれていた兵庫には、県全体に共通する名字傾向というのはなかなか見られない。

江戸期の5カ国が集まった兵庫は全体を統括する特徴が希薄

地域を特定せずに兵庫らしい名字をあげるとすると、「玉田」「春名」「西垣」「上月《こうづき》」「魚住《うおずみ》」などがある。また、日本海側に行くと「山根」や「谷口」がよく見られる。

県内発祥の名家には、赤穂《あこう》郡上郡《かみごおり》町を本拠地とした「赤松」がある。南北朝時代に歴史の表舞台に突然現れ、室町幕府の要職として活躍。一族には戦国大名として名を馳せた「別所」氏がある。

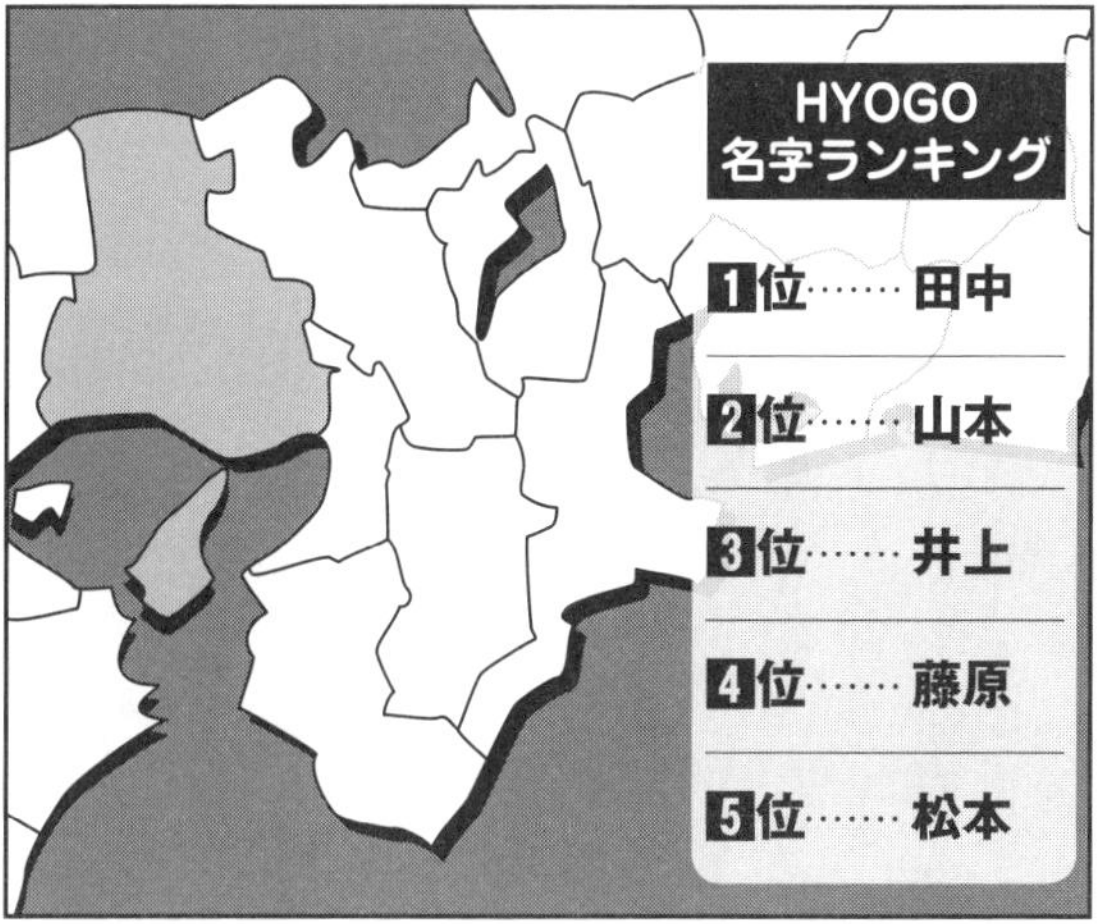

雅やかな判じ物を思わせるユニーク名字が神戸にあった

神戸に現存するユニーク名字が「栗花落」。栗の花が落ちる季節になると梅雨入りすることから「つゆり」と読む。そのほかの珍しい名字としては、姫路市に集中して見られる「雲丹亀《うにがめ》」、西脇市に多い「宇仁菅《うにすが》」などがある。

兵庫県らしい名字

玉田　春名　西垣
上月《こうづき》　魚住《うおずみ》　赤松

珍しい名字

栗花落《つゆり》　雲丹亀《うにがめ》
宇仁菅《うにすが》　円満堂《えんまんどう》
神吉《かんき》　堂安《どうあん》
不死原《ふじわら》　松姫《まつひめ》
弘原海《わだつみ》

奈良県

ベッドタウン化したことで特徴が希薄に

人口	1,338,267人
面積	3,690.94k㎡
県庁所在地	奈良市
県花・県木・県鳥	花・ナラヤエザクラ 木・スギ 鳥・コマドリ

東日本に多い「佐藤」「鈴木」は奈良県ではマイノリティー

奈良のトップ5は、典型的な関西パターンという以外にこれといった特徴はない。首都圏と同じように、大阪のベッドタウンと化したためだろう。

また、京都同様、昔は都が置かれていた奈良では、人の出入りが多く、そのため特徴ある名字はあまり多くないともいえる。ただし、東日本ではかなりの数を占める「佐藤」と「鈴木」は少なく、東日本からの移住は少なかったことがわかる。

全国の「長谷川」の元となった武士集団は奈良県の出身

ベッドタウン化から外れた県南部には独自の名字も残っていて、そのひとつが「米田」。字を見ても何も珍しくないが、奈良では「よねだ」ではなく「こめだ」と読む。全国的に見られる「長谷川」のルーツも奈良で、奈良盆地を流れる初瀬川《はつせがわ》流域で活躍した武士集団が発祥。本家の直系は江戸幕府に旗本として仕えていて、『鬼平犯科帳』の長谷川平蔵は分家筋にあたる。

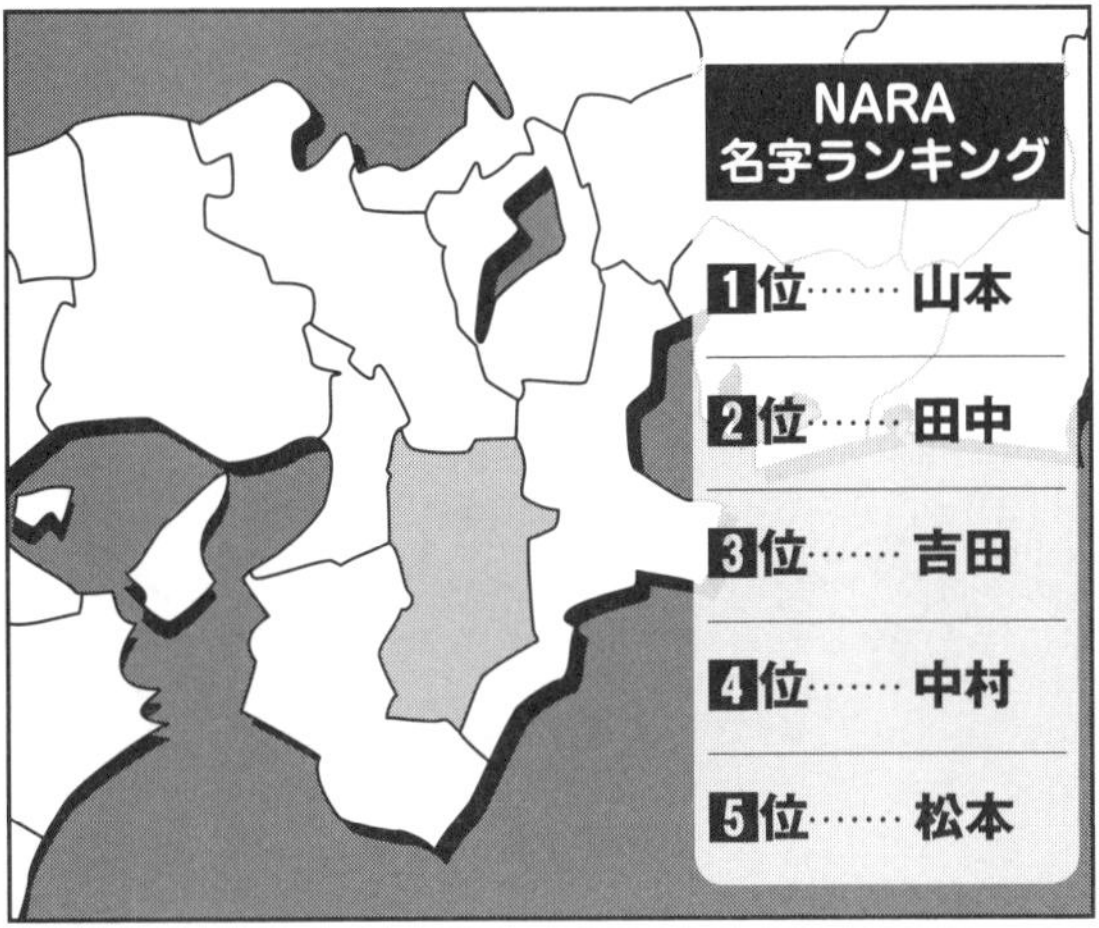

歴史のロマンを感じさせる奈良県にしかない珍しい名字

奈良ならではの珍しい名字の代表が「王隠堂《おういんどう》」。南北朝時代、花山院《かざんいん》に幽閉されていた後醍醐《ごだい》天皇が吉野に逃れてきた際に、堂の中にかくまったという故事を由来にもつ名字で、歴史ロマンさえ感じさせてくれる。

奈良県らしい名字

米田《こめだ》　辻本　乾《いぬい》
辰己《たつみ》　巽《たつみ》

珍しい名字

王隠堂《おういんどう》　東川《うのかわ》
米虫《こめむし》　曾路利《そろり》
弁天《べんてん》　西隠居《にしいんきょ》
要海《ようかい》　領内《りようない》

和歌山県

関西系の「山本」「田中」がほかの名字を圧倒

人口	939,483人
面積	4,724.64k㎡
県庁所在地	和歌山市
県花・県木・県鳥	花・ウメ 木・ウバメガシ 鳥・メジロ

方角を示す文字を入れ込んだ和歌山ならではの名字

1位「山本」、2位「田中」というのは関西パターンだが、3位以下に大きく水を開けているのが特徴。上位ランキングを広げると、20位に「玉《たま》置《き》」、21位に「中西」といった和歌山ならではの名字が入ってくる。

その他、「榎本」「湯川」「雑賀《さいが》」「岩橋」「硲《はざま》」なども和歌山独特の名字。また、方角を示す東西南北の漢字を使った名字が比較的多いのも特徴だ。

大阪の影響が強い北部と独自色を残した南部地域

南北に長い和歌山県は、北と南で名字分布が違う。北部は大阪の影響で典型的な関西パターンだが、南部では和歌山ならではの名字の割合が高い。

大阪に近いにもかかわらず独自の傾向が見られるのが有田《ありだ》市。最多の名字は「上野山《うえのやま》」で、2位が「江川」となっているが、この2つはほかの地域にはあまり見られない。特に「上野山」は、全人口の約3分の1が有田市在住だ。

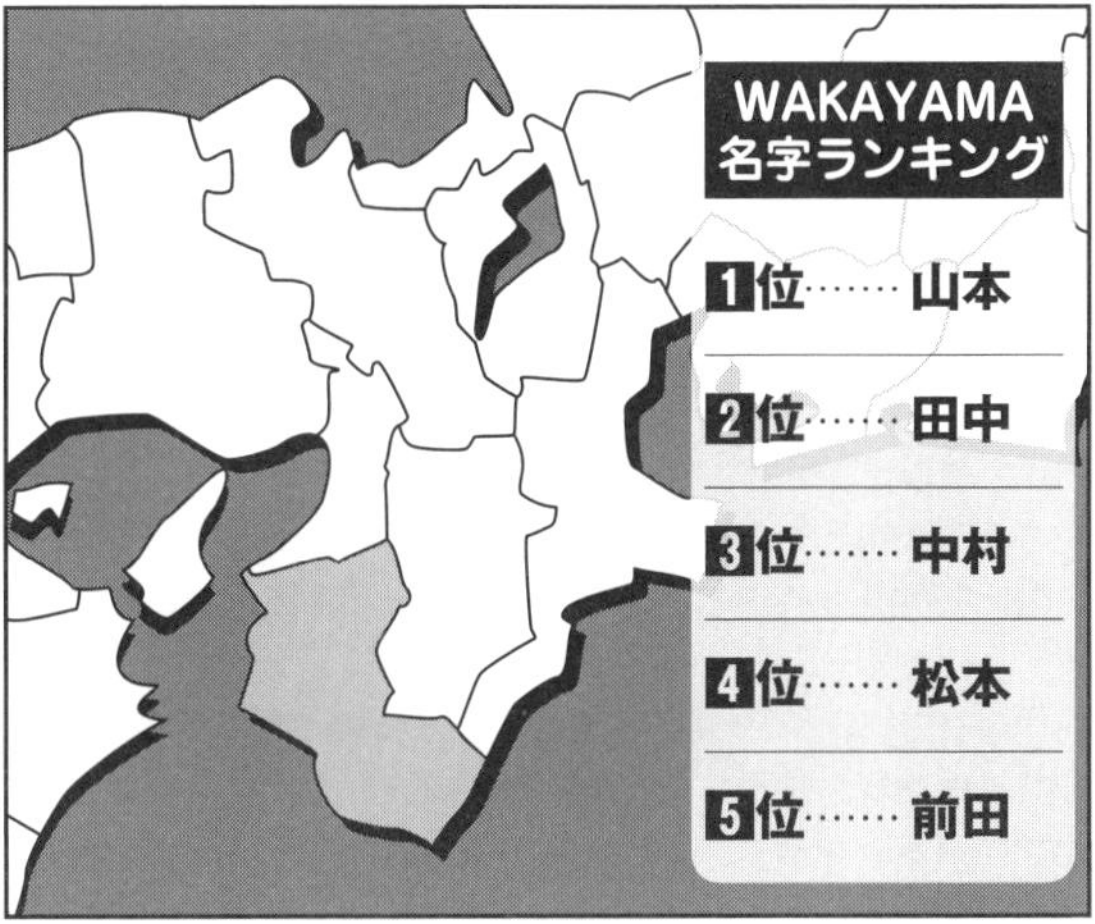

捕鯨で知られる町ならではの鯨や漁にちなんだ珍しい名字

有名なユニーク名字に「小鳥遊」と書く「たかなし」さんがいるが、ルーツは和歌山で、おそらくもとは「高梨」だったものだろう。鯨漁で知られる太地町《たいじちょう》には、「背古《せこ》」「筋師《すじし》」「汐見《しおみ》」など捕鯨にまつわる名字も多い。

和歌山県らしい名字

有田市…上野山

玉置《たまき》　中西　榎本

湯川　雑賀《さいが》　岩橋

珍しい名字

太地町…背古《せこ》、筋師《すじし》

小鳥遊《たかなし》　明楽《あきら》

下垣鳴海《しもがきなるみ》　恋中《こいなか》

鳴神《なるかみ》　毘舎利《びしやり》　仏《ほとけ》

COLUMN 5

名前を書く手間、こんなに差があっていいの⁉

日本一短い名字、長い名字

日本で一番短い名字……といえば、一文字で書け、読みも一文字ですんでしまうものである。

これは意外と多くあり、なかでも人口が多いのは「井《い》」だ。日本全国に3000人が存在し、そのうちの約半数が熊本県に集中している。

かなり古い時代から存在した「紀《き》」もその仲間で、人口は多い。これには古代豪族として有力だった紀氏と、神官として発展した紀氏の両系統がある。これらに続く日本一短い名字は、地形姓の「田」「野」である。

また、読みは一文字ではないが漢字一文字の名字が多いのが富山県の旧新湊市（現在は射水《いみず》市）だ。「釣」「網」「魚」「飴」「壁」「瓦」「鵜」「牛」「菊」「草」「鹿」などが存在する。ちなみに一文字名字は南西諸島にも多く見られ、奄美大島には「喜」「記」「伊」「与」の姓が存在する。

一方で、一番長い名字……は漢字５文字のもので、京都の地名からできた「勘解由小路《かでのこうじ》」。作家・武者小路実篤の母が、この「勘解由小路」家の出である。さらに職業名から発生した「左衛門三郎《さえもんさぶろう》」という名字が埼玉県にある。

そのほか、読みの文字数で見るなら８文字が最長。こちらのラインナップは「東坊城《ひがしぼうじよう》」「南坊城《みなみぼうじよう》」「東三条《ひがしさんじよう》」「東四柳《ひがしよつやなぎ》」「東上別府《とうじようべつぷ》」などである。

日本人が生まれて一番最初に覚える漢字であろう名字。書くのも発音するのも苦労する「長い名字」と幼い記憶力にもやさしい「短い名字」。もしこれらの名字の人に出会ったら、慰労もしくは好運への称賛を贈ってほしい。

中国・四国

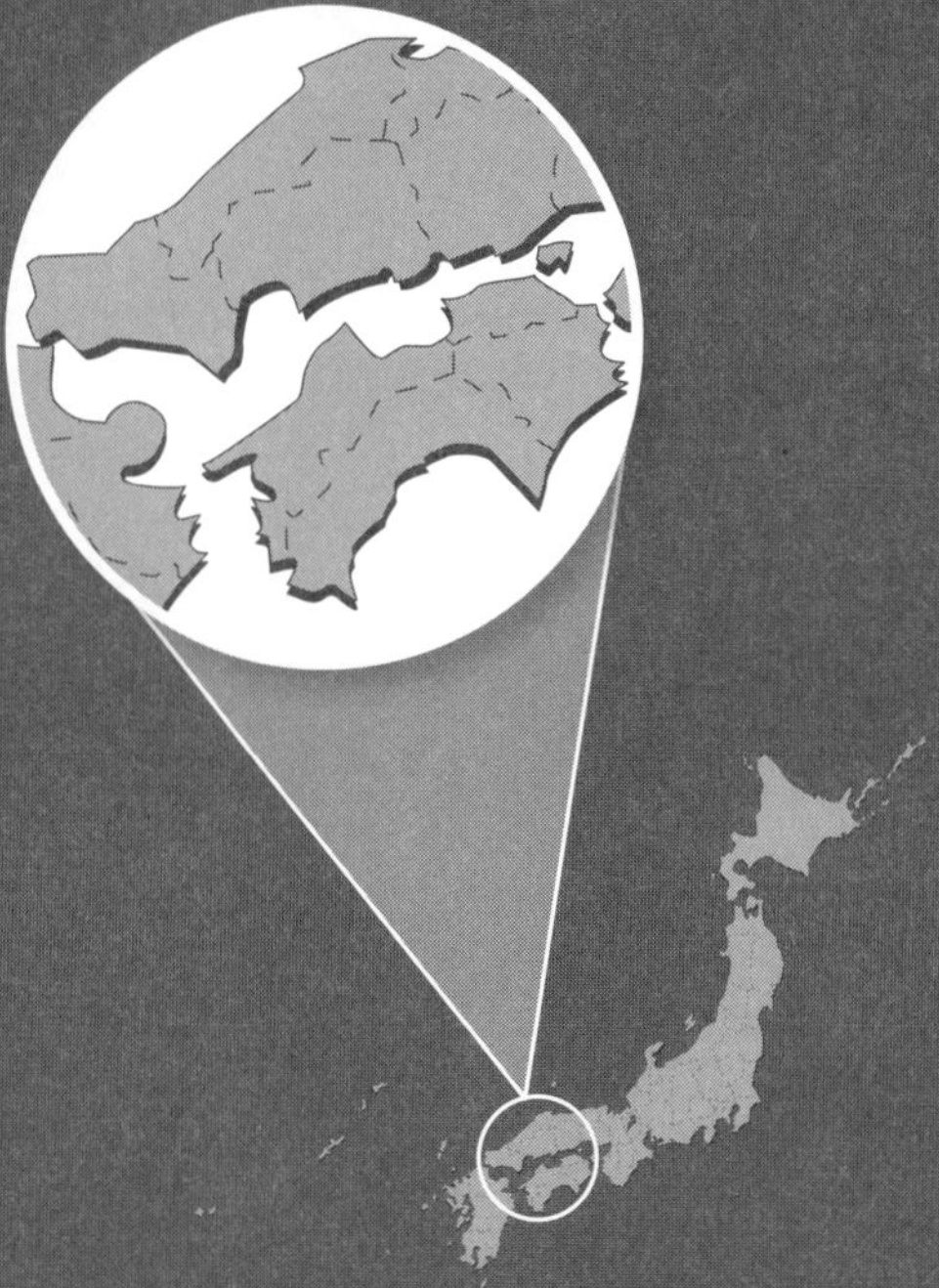

鳥取県
島根県
岡山県
広島県
山口県
徳島県
香川県
愛媛県
高知県

鳥取県

関西と山陰地方の特徴が混ざった名字分布

人口
561,359人
面積
3,507.13k㎡
県庁所在地
鳥取市
県花・県木・県鳥
花・二十世紀梨の花 木・ダイセンキャラボク 鳥・オシドリ

日本でも有数の漁港となっている境港には漁業関連の名字が

「田中」と「山本」が飛び抜けて多いのは典型的な関西パターン。だが、3位に「山根」がランクインしているのが特徴的。「山根」は鳥取から岡山にかけて集中している、中国地方独特の名字だ。

そのほか鳥取らしい名字には、「小谷《こたに》」「林原」「角《すみ》」「米原」「国頭《くにとう》」などがある。また鳥取市や境港市には、「網師《あみし》」「網浜《あみはま》」「上灘《かみなだ》」「鰤岡《ぶりおか》」といった漁業関連の名字が多く見られる。

東の因幡と西の伯耆で名字分布の傾向も異なる

鳥取県は、江戸時代には鳥取市などを含む東部の因幡《いなば》と、米子市や境港市を含む西部の伯耆《ほうき》の2つに分かれていた。そのため、名字の傾向も東西で異なっている。県全体に散らばる「田中」「山本」を除くと、東部には「谷口」や「福田」、西部には「遠藤」や「長谷川」が多い。また、鳥取には「あだち」姓が多いが、東部では「安達」、西部では「足立」と表記が分かれる。

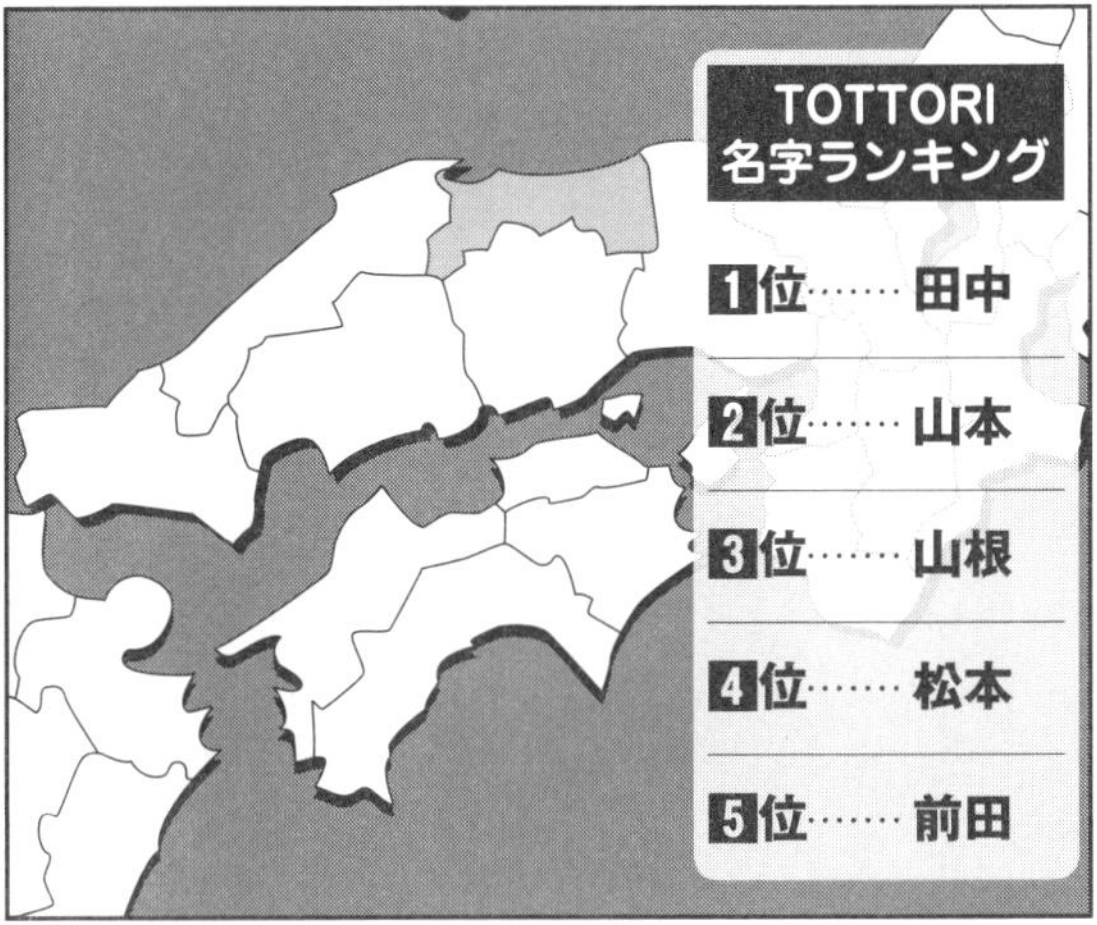

TOTTORI 名字ランキング

1位……田中
2位……山本
3位……山根
4位……松本
5位……前田

誤読に近い読み替えから鳥取ならではの名字が誕生

「安酸」と書いて「やすかた」と読む姓があるが、カタバミの漢字表記「酸漿草」から「酸」を「かた」と読むようにしたとか。「欠間」や「岩間」という名字は、いずれも読みは「がんま」。ちょっと日本語離れした語感である。

鳥取県らしい名字

山根　小谷《こたに》　林原
角《すみ》　米原　国頭《くにとう》

珍しい名字

網師《あみし》　上灘《かみなだ》　鰤岡《ぶりおか》
安酸《やすかた》　欠間《がんま》　明里《あかり》
以後《いご》　十九百《つづお》
当別当《とうべっとう》　塒《ねぐら》

島根県

典型的な関西パターンはトップと2位のみ

人口
677,768人
面積
6,708.26km²
県庁所在地
松江市
県花・県木・県鳥
花・ボタン
木・クロマツ
鳥・ハクチョウ

漢字に合わせて読みを変えた難読名字がいくつか見られる

「田中」「山本」が多いという典型的関西パターンと思わせて、3位以下は独特。「佐々木」は関西では珍しい名字だし、全国62位の「原」が6位という全国最高ランクに位置している。島根らしい名字「錦織」は、本来の読みは「にしごり」「にしこおり」だが、現在は漢字にあわせて「にしきおり」に変えた家も多い。同じく「柳楽」は「なぎら」だが、今は「やぎら」と読む家もある。

神様や毛利氏にゆかりの島根独自の名字もいっぱい

島根といえば有名なのは出雲大社。10月には、全国から八《や》百万《およろず》の神々が出雲大社に集まるといわれている。出雲大社有する出雲市周辺には「神《かん》門《ど》」「神庭《かんば》」「神西《じんざい》」など「神」の字がついた独特な名字も多く、地域の特色となっている。

また、戦国時代は毛利氏の支配下にあったため、「出羽《いずは》」「口羽《くちば》」「周布《すふ》」「益田」「三隅《みすみ》」など、島根の名家がルーツの名字も多い。

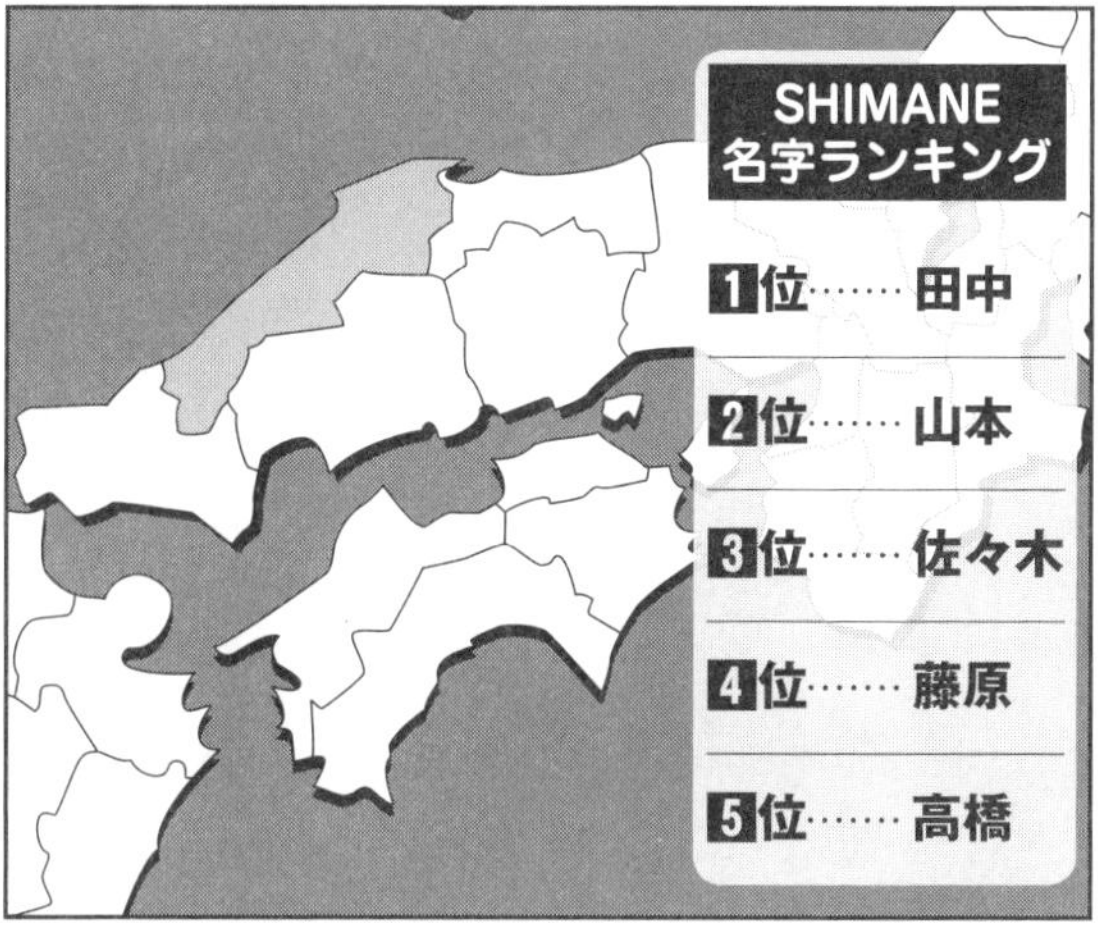

時代の変化に合わせて ユニークになった名字

「唐桶《からおけ》」は、中国風の桶作りを職業とした島根の伝統的な名字だが、カラオケが普及したことでユニーク名字の仲間入りをしてしまった。そのほかにも、松江市の「鮫《さめ》」、邑智《おおち》郡の「樋ケ《ひのけ》」などの珍しい名字がある。

島根県らしい名字

原　錦織《にしこり・にしきおり》　柳楽《なぎら・やぎら》
勝部　野津　石倉
石飛　江角

珍しい名字

唐桶《からおけ》　鮫《さめ》　樋ヶ《ひのけ》
鉱《あらがね》　経種《いだね》　生和《にゅうわ》
目次《もくじ》　卜蔵《ぼくら》　売豆紀《めずき》

岡山県

全国の「三宅」さんの4人に1人が岡山在住

人口	1,887,519人
面積	7,114.32㎢
県庁所在地	岡山市
府花・府木・府鳥	花・モモ 木・アカマツ 鳥・キジ

倉敷市を中心に岡山に集中する朝廷の穀物庫にちなんだ名字

岡山のランキングは西日本でも独特で、3位につけているのが「三宅《みやけ》」。全国各地に散在する「三宅」さんのうち5分の1が岡山在住で、そのなかでも半数近くが倉敷市に集中している。その由来は朝廷が穀物を保管した「屯倉《みやけ》」だが、やがては貯蔵庫だけでなく、穀物を作った田んぼや農民まで「みやけ」と呼ばれるようになり、現在の繁栄の基を築いたと考えられている。

本家が没落したことを受けて読みはそのままに漢字を変更

岡山発祥の名家では、戦国大名として名を馳せた「宇喜多《うきた》」氏がある。関ヶ原の戦いの結果、八丈島に流されて没落したが、漢字を変えた「浮田」は今も岡山を中心に瀬戸内海沿岸に残っている。

同じく岡山がルーツとされる「新免《しんめん》」は、美作《みまさか》国新免村（現在の岡山県作東町）に由来している。剣豪・宮本武蔵の父の姓でもある。

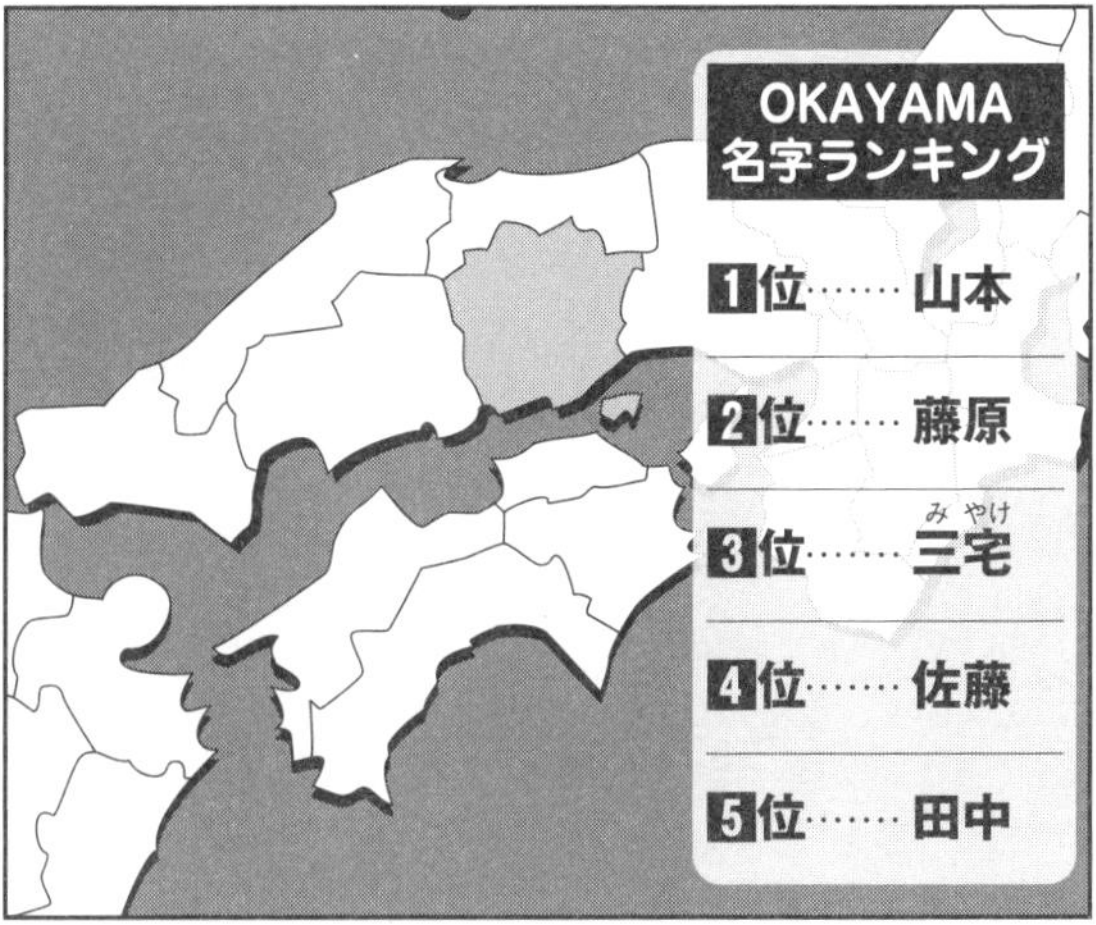

県内の地名をそのまま名乗った岡山独自の名字もたくさん

県内の地名を名字にしたものには、「妹尾」「赤木」「守屋」「白神」「赤沢」「虫明《むしあけ》」「宇垣」などがある。なかでも「妹尾」は全国の約3分の1が、「赤木」は4分の1が岡山在住だ。珍しい名字として「入鹿《いるか》」「杭田《くえだ》」などがある。

岡山県らしい名字

三宅《みやけ》　妹尾　赤木
守屋　白神　難波《なんば》
平松　仁科《にしな》

珍しい名字

入鹿《いるか》　杭田《くえだ》
渾大防《こんだいぼう》　湛増《たんぞう》
当座《とうざ》　流郷《りゅうごう》　歴舎《れきしや》
一十林《いちじゅうばやし》

広島県

関西パターンのなかに見られる歴史的な名家

人口
2,789,414人
面積
8,479.63km²
県庁所在地
広島市
県花・県木・県鳥
花・モミジ 木・モミジ 鳥・アビ

瀬戸内海を支配した村上水軍の末裔が瀬戸内海沿岸部に残る

広島2位の「藤井」は中国地方に多い名字。絶対数では大阪に次いで、人口当たりの密集率では山口県に次いで、広島が2位となっている。

4位の「村上」は長野がルーツだが、のちに瀬戸内海を警護する村上水軍（海賊衆）として、能《の》島《しま》、因島《いんのしま》、来島《くるしま》の3家に分かれて発展した。

西日本には珍しく、関東系の「佐藤」が6位にランクインしているのも、特徴のひとつだ。

名将・毛利元就や長州藩士は元をたどれば広島県出身

長州藩主の毛利家も、元をたどれば広島県西部の安芸《あき》が本拠地。戦国時代には中国地方全体を支配していたが、関ヶ原の戦いで負けたことから領地を減らされ、山口県に移っていった。そのときに家臣のほとんどがついていったため、長州藩士には広島がルーツという家も多い。幕末の志士として活躍した長州藩の高杉晋作や桂小五郎も、祖先は広島の出身である。

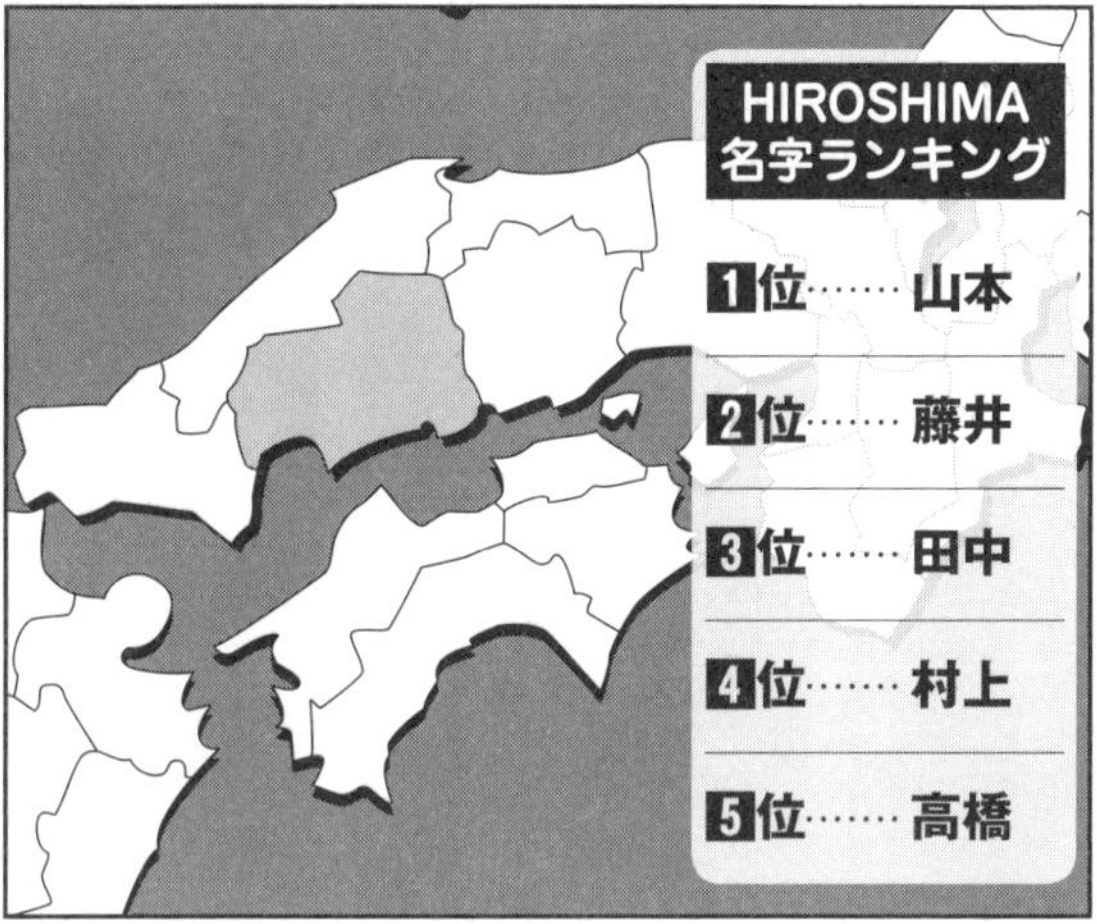

字を見ても読みが思いつかない珍しい名字も数多く残っている

広島らしい名字をあげると、「沖田」「沖本（沖元）」「新宅《しんたく》」「桑田」「橘高《きつたか》」など。「梵《そよぎ》」は、江戸時代まで名字を持たなかった僧侶たちが、明治になって命名するときに仏教用語からつけた名字のひとつ。広島には珍しい名字がほかにも多い。

広島県らしい名字

村上　沖田　沖本
新宅《しんたく》　桑田　橘高《きつたか》

珍しい名字

梵《そよぎ》　阿世比丸《あせびまる》
家護谷《けごや》　地子給《じしきゅう》
正月谷《しょうがつだに》　背戸土井《せとどい》
茸谷《なばたに》　万力《まりき》
茂曾呂《もそろ》

山口県

関門海峡をはさんで福岡県から受けた影響も

人口	1,368,727人
面積	6,112.53km²
県庁所在地	山口市
県花・県木・県鳥	花・ナツミカン 木・アカマツ 鳥・ナベヅル

北九州から海を渡ってやってきた「原田」が5位にランクイン

山口の特徴としては、「原田」がランキング5位に入っていること。ルーツは関門海峡をはさんだ対岸の福岡で、山口から福岡県北部に分布している。10位には「河村」がランクイン。全国では26位と数が多いわけではなく、トップ100に「河村」が入っているのは山口と岐阜のみ。

ほかに山口県らしい名字としては「弘中」「水《すい》津《つ》」「縄田《なわた》」などがある。

中国地方全体はもちろん外国からやって来た名字も

戦国時代には中国地方全体を支配していた長州藩主の毛利家。そのため中国地方の各地から藩士が集まってきていた。家老の益田家は島根県益田市が発祥。戦国時代に明から来日して大内家に仕えた「張」という家まであった。山口には漢字5文字の名字「勘解由小路《かでのこうじ》」が残っていて、これは京都の公家が発祥。文豪として知られる武者小路《むしゃのこうじ》実篤《さねあつ》の母が、この「勘解由小路」出身だった。

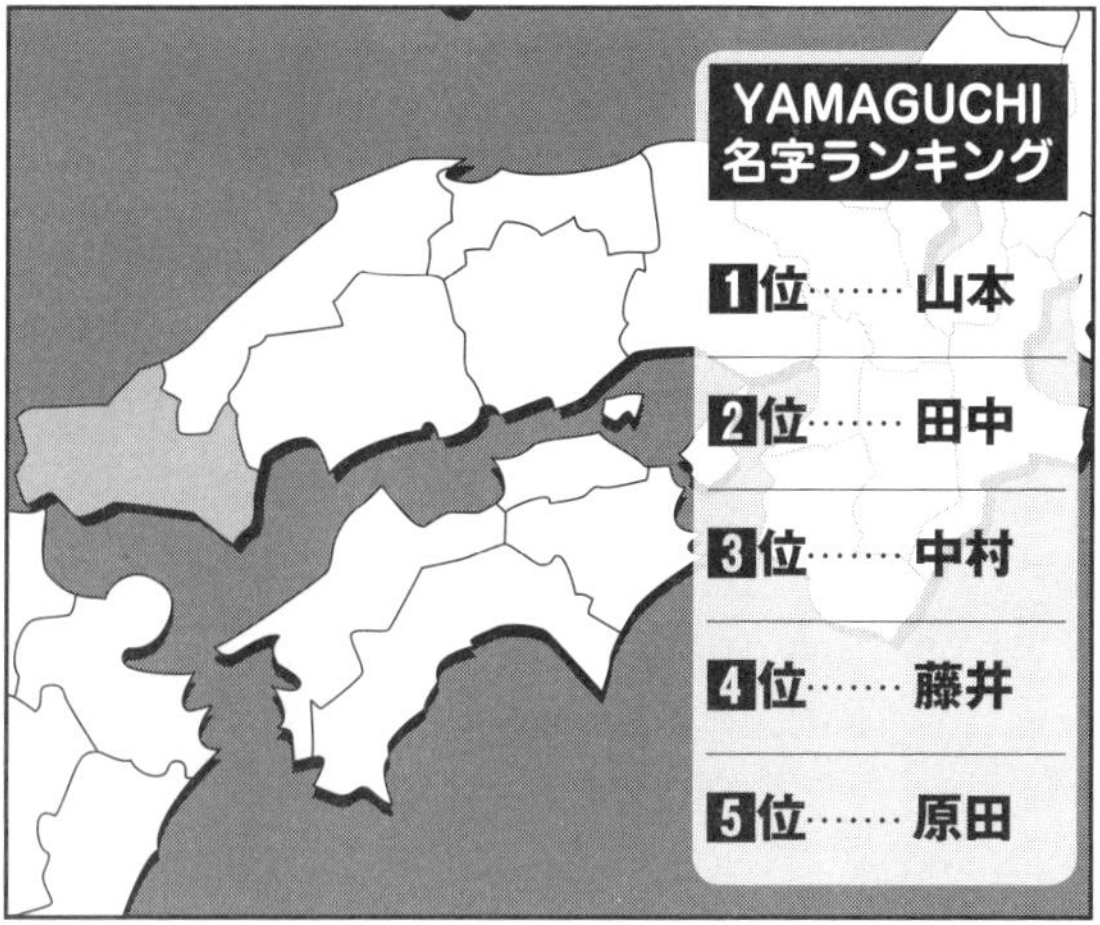

群雄割拠した中国地方にふさわしい勇猛果敢な姓

山口には「無敵《むてき》」という名字が残っている。祖先があまりに強かったため殿様から賜ったとも、江戸末期の長州征伐の際に、幕府軍相手に石を投げて奮戦した下関市の餅屋に高杉晋作が贈ったともいい伝えられている。

山口県らしい名字

原田　河村　弘中
水津《すいつ》　縄田《なわた》

珍しい名字

勘解由小路《かでのこうじ》　無敵《むてき》
馬酔《あせび》　渦巻《うずまき》　浴《えき》
金魚《きんぎょ》　三分一《さんぶいち》
大西《だいさい》　二十八《つちや》
部坂《へさか》

徳島県

飛び抜けた名字がない全国でも珍しいパターン

人口	738,986人
面積	4,146.80k㎡
県庁所在地	徳島市
県花・県木・県鳥	花・スダチ 木・ヤマモモ 鳥・シラサギ

ランク1位の「佐藤」でも その数は人口の1%以下

徳島では東日本系の「佐藤」が1位だが、飛び抜けて多いわけではない。というより、ランキングに入っているいずれの名字もどんぐりの背比べ状態で、調査する時期によって順位が大きく変化する。一般的に1位の名字が県人口に占める割合は2%程度で、ダントツに多い名字だと5%を超すこともあるが、徳島の「佐藤」は約8000人で、1%程度である。

吉野川の流域に見られる「ばんどう」は2種類が存在

徳島らしい名字の代表格といえば、吉野川流域一帯に見られる「ばんどう」。漢字の表記は「板東」と「坂東」の2種類あって、鳴門《なると》市などの下流では「板東」が多く、上流に多い「坂東」は高知県にまで広がっている。2種類の「ばんどう」を合わせた数は「近藤」と並ぶ県内第2位だが、残念ながら単独では「坂東」が21位、「板東」が33位にとどまっている。

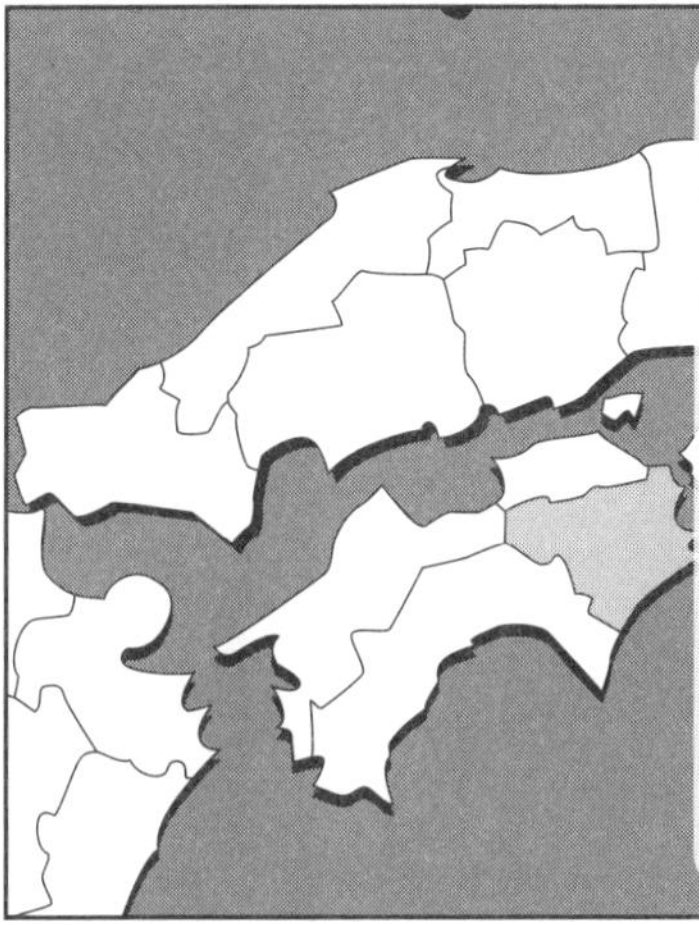

TOKUSHIMA 名字ランキング

1位……佐藤
2位……近藤
3位……吉田
4位……森
5位……山本

ルーツは解りやすくても読み方が解らない名字も

吉野川市で見られる「阿麻橘」。阿波国は麻植《おえ》郡の「橘《たちばな》」氏が由来になっていて、「あおきつ」と読む。旧麻植郡の地名そのままの「麻植」という名字や、「折目《おりめ》」「仁義《じんぎ》」「葛籠《つづら》」「柳蘇《りゅうそ》」「宇和《うわ》佐《さ》」といった名字も珍しい。

徳島県らしい名字

板東《ばんどう》　坂東《ばんどう》　四宮
後藤田　美馬《みま》
武市《たけいち》　新居《にい》

珍しい名字

吉野川市…阿麻橘《あおきつ》
麻植《おえ》　折目《おりめ》　川人《かわびと》
久次米《くじめ》　仁義《じんぎ》
葛籠《つづら》　柳蘇《りゅうそ》

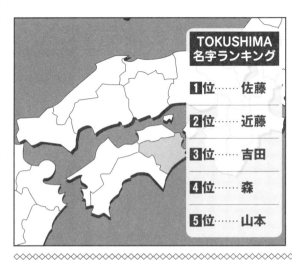

香川県

全国ではそれほど多くない「大西」が1位獲得

人口
958,711人
面積
1,876.77k㎡
県庁所在地
高松市
県花・県木・県鳥
花・オリーブ
木・オリーブ
鳥・ホトトギス

四国中央部から広がった「大西」や香川ならではの名字が上位に

香川1位の「大西」は、全国ランキングではなんと103位。100位以下の名字が1位を獲得している都道府県は香川だけだ。「大西」のルーツはおとなりの徳島で、そこから四国全体に広がった。そのなかでも、香川に根を下ろした一族がもっとも繁栄した結果である。

ほかに8位の「三好」や、「真鍋《まなべ》」「宮武《みやたけ》」「香西《こうざい》」「寒川《さんがわ》」「十河《そごう》(十川)」なども香川らしい名字だ。

県名と同じ「香川」の名字はなんと神奈川県がルーツ

香川には「香川」という名字も多いが、ルーツは遠く、相模国高座《こうざ》郡香川（現在の神奈川県茅ケ崎市）。JR相模線には香川という駅がある。桓武平氏の子孫にあたり、室町時代に讃岐に移住して繁栄した。

さらには「合田」も、香川から愛媛にかけて多く見られる名字。他県では「あいだ」とも読むが、香川では「ごうだ」と読むのが一般的だ。

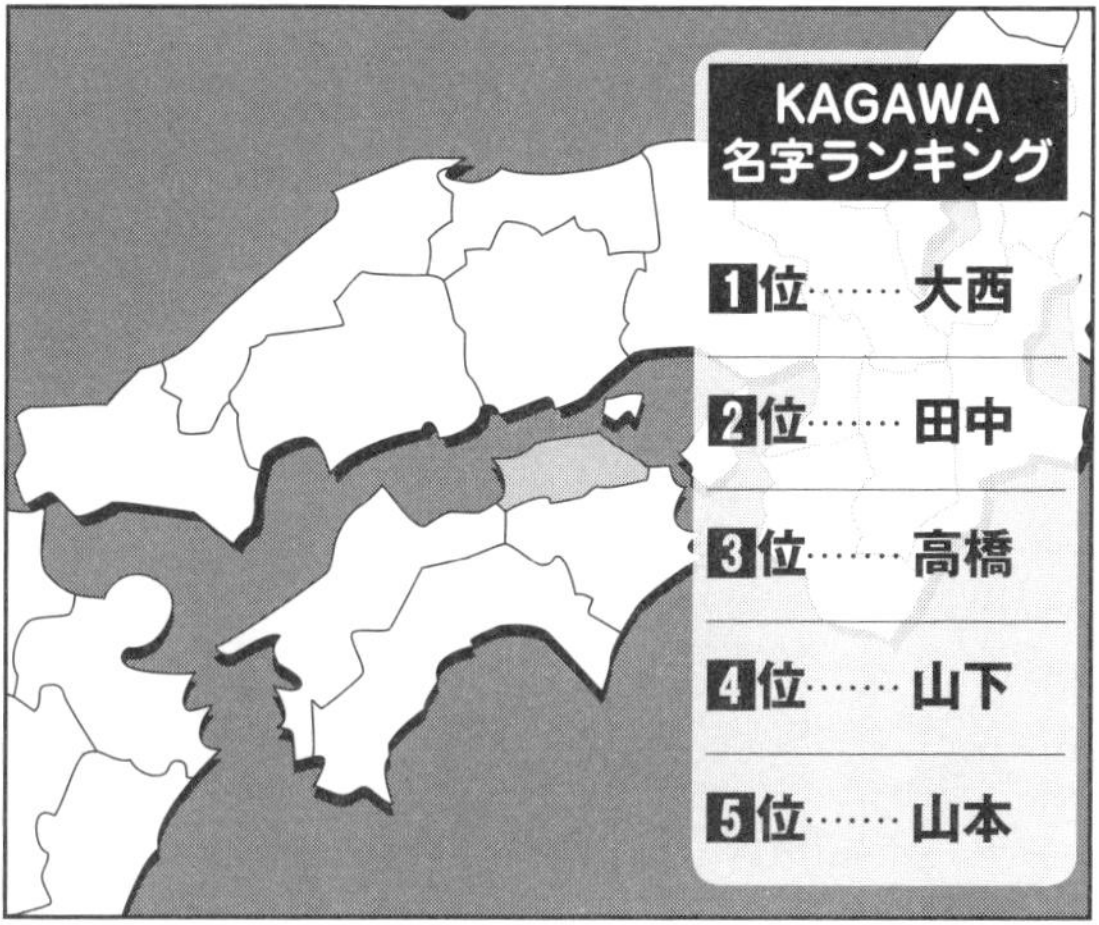

ヤマトタケルの末裔といわれる古代豪族の一族に見られる名字

讃岐国阿野郡（現在の香川県綾歌郡綾川町）には、ヤマトタケルノミコトの末裔といわれる豪族が「綾」氏を名乗り、その一族の子孫には読み方が難しい「福家《ふけ》」などがいる。香川の珍しい名字にはほかに、「億《おく》」「鵜足《うた》」「九郎座《くろうざ》」などがある。

香川県らしい名字

大西　真鍋《まなべ》　宮武《みやたけ》
香西《こうざい》　寒川《さんがわ》　十河《そごう》
香川　合田《ごうだ》

珍しい名字

福家《ふけ》　億《おく》　鵜足《うた》
九郎座《くろうざ》　五所野尾《ごしょのお》
笑子《えみこ》　行事《ぎょうじ》　琴陵《ことおか》
新茶《しんちゃ》　野網《のあみ》

愛媛県

ランクの2位3位ともに愛媛独自の名字

人口
1,354,256人
面積
5,676.23k㎡
県庁所在地
松山市
県花・県木・県鳥
花・ミカン 木・マツ 鳥・コマドリ

勇壮な村上水軍の末裔と地方豪族の一族が席捲

2位の「村上」は戦国時代に瀬戸内海を席捲した村上水軍がルーツ。いまも愛媛と広島の沿岸部に多く住んでいる。3位の「越智《おち》」は愛媛らしい名字で、伊予国越智郡（現在の愛媛県今治市）に古くからいた豪族がルーツ。一族には「河野」がいて、越智氏が京から下る際、飲み水を得ようとして地に剣を立て、湧き水が出たところを「河野」と名付けたのが始まりといわれている。

読みは同じでも表記の違う「わたなべ」が上位にランクイン

南北に広がる愛媛は、地域によって名字の傾向が異なる。北部の今治市や松山市では「村上」や「越智」が多いが、南部の宇和島市や西予市では「清家《せいけ》」「上甲《じょうこう》」などが多く見られる。

また、5位の「渡部」、9位の「渡辺」と、同じ読みの名字が上位にランクインしているのも特徴のひとつ。漢字ではなく読み方で集計すると、「わたなべ」が一番多い名字になる。

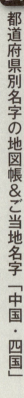

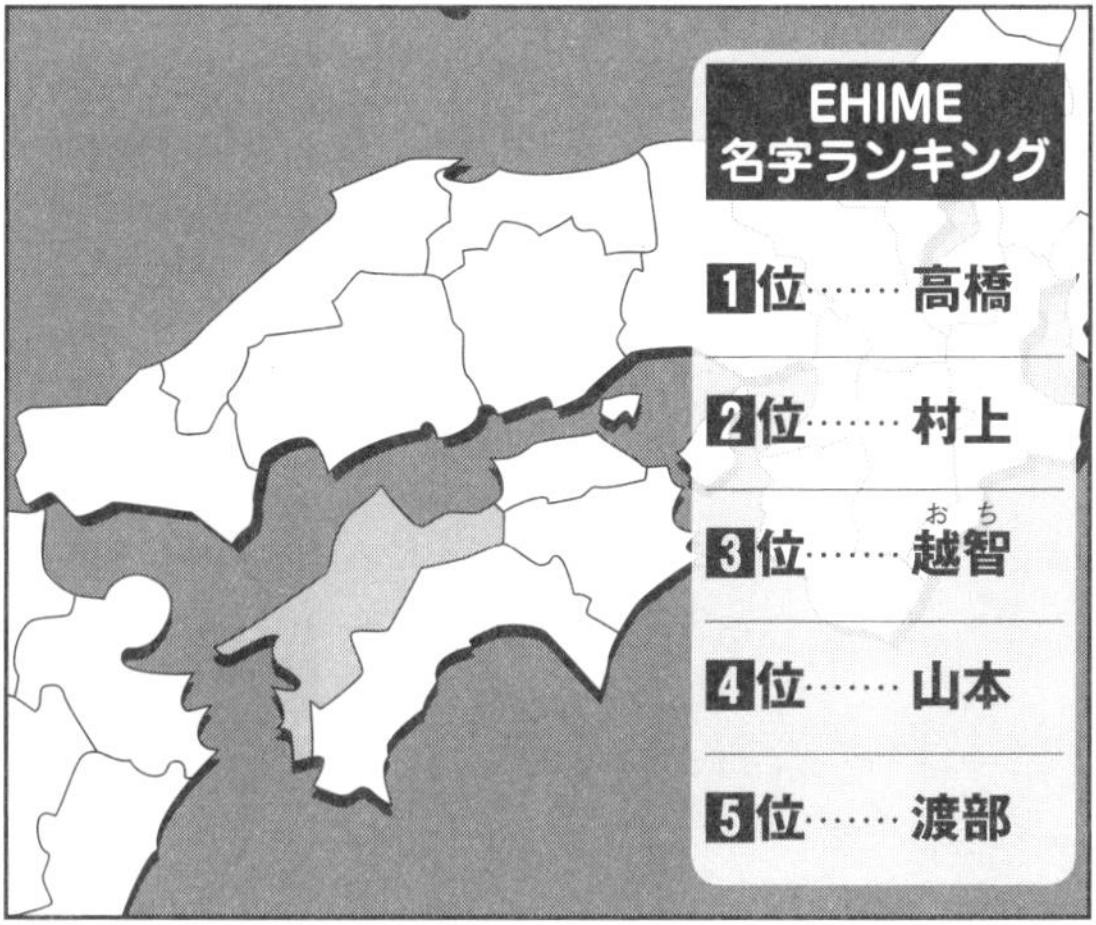

「村上」「越智」以外にも愛媛ならではの名字が多数

「村上」「越智」のほかにも、「兵頭」「重松《しげまつ》」「武智《たけち》」「神野《じんの》」「玉井」「曾我部《そかべ》」などが愛媛県らしい名字。変わったところでは、「伊賀上《いがうえ》」「祖母井《うばがい》」「都谷《おがい》」「告森《こつもり》」「薬師神《やくしじん》」などがある。

愛媛県らしい名字

越智《おち》　清家《せいけ》　上甲《じょうこう》
兵頭　重松《しげまつ》
武智《たけち》　神野《じんの》
玉井　曾我部《そかべ》　菅《かん》

珍しい名字

伊賀上《いがうえ》　祖母井《うばがい》
都谷《おがい》　告森《こつもり》
薬師神《やくしじん》　帽子《ぼうし》

高知県

関西パターンのなかに平家の落人伝説が混在

人口
709,911人
面積
7,103.86k㎡
県庁所在地
高知市
県花・県木・県鳥
花・ヤマモモ
木・ヤナセスギ
鳥・ヤイロチョウ

源平合戦の後に平家の一族が名を変えて高知に隠れ住む

高知2位の「小松」は、全国では114位にとどまり、これほど上位にランクインする県はほかにはない。県東部の安芸《あき》市では、なんと人口の6分の1が「小松」さんだ。同じように5位の「浜田」が上位にくるのも珍しく、ほかに10位以内に入っているのは鹿児島だけとなっている。

ほかにも、平家の落人伝説にまつわる「門脇」などの名字が特徴的だ。

全国から家来を引き連れて高知入りした山内一豊

戦国大名の長宗《ちょうそ》我部《かべ》家が滅んだあと、江戸時代にこの地にやってきたのが『功名が辻』で知られる山内一豊。もとは尾張の土豪だったのが一代で出世して大名になったため、家臣も各地で次々と採用していった。そんな理由で土佐藩士の出身地はバラバラ。家老を務めた重鎮の3家も、「深尾」は近江国、「五藤」は尾張国、「伊賀」は美濃国がルーツとなっている。

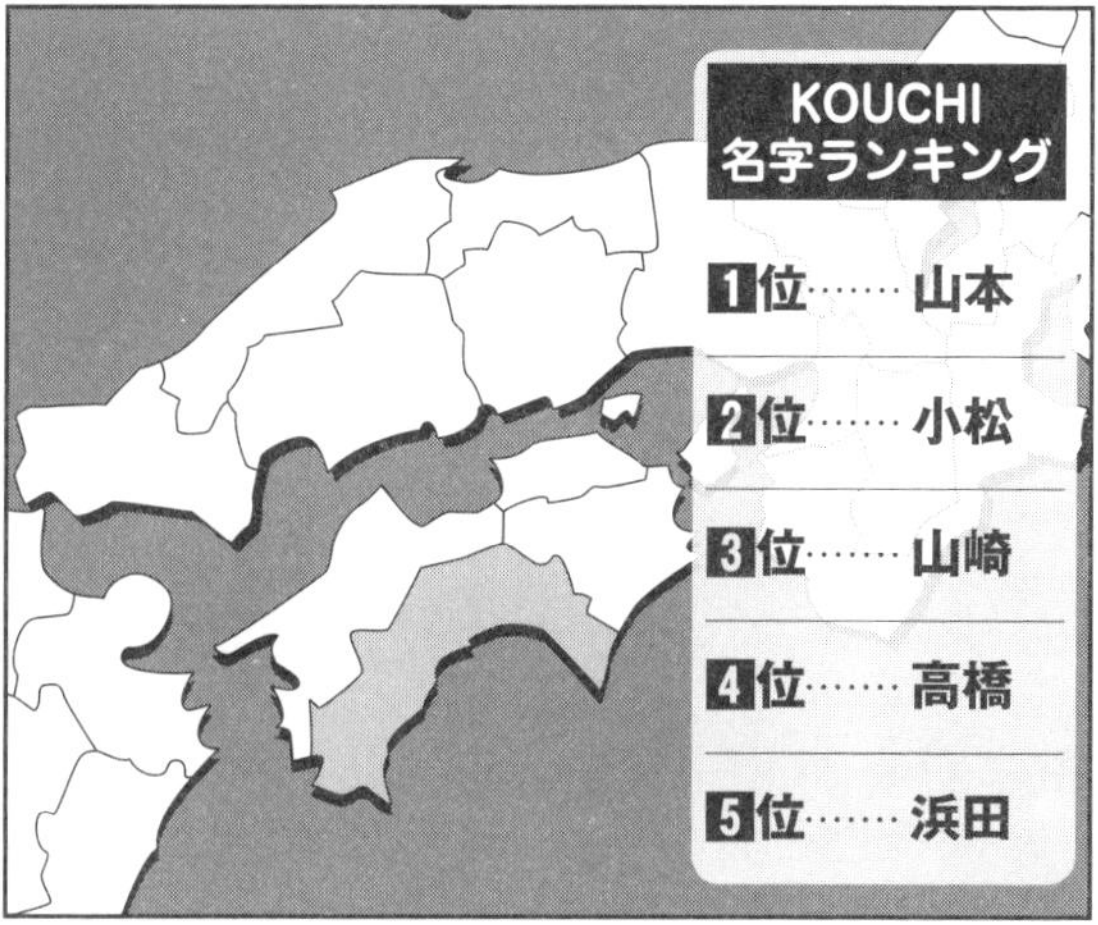

一般的な名字に見えても高知ならではの読み方が

高知らしい名字に「岡林」「西森」「中平」「公文《くもん》」などがあり、学習塾の「公文式」を創設した公文公《とおる》氏も高知出身。

また、「西原」は、通常は「にしはら」と読むが、高知では「さいばら」が一般的だ。

高知県らしい名字

小松　岡林　西森
中平　公文《くもん》　西原《さいばら》

珍しい名字

千頭《ちかみ》　秦泉寺《じんぜんじ》
五百蔵《いおろい》　甲藤《かつとう》
十万《じゅうまん》　光明院《こうみょういん》
勝賀瀬《しょうがせ》　比与森《ひよもり》
立仙《りつせん》　和食《わじき》

COLUMN 6

国民ひとりひとりの名字のレア度はいかほどか？
名字の種類が多い国、少ない国

日本のおとなり・韓国の人口は5125万人で、名字の総数はおよそ275種類。単純に計算すると、ひとつの名字を、約18万人が共有していることになる。人口が13.8億人にも及ぶ中国の場合は、名字の数がおよそ3500種類。こちらも単純に計算すると、約37万人がひとつの名字を共有していることに。では、日本はどうなのだろうか。

総数こそはっきりしないが、日本の名字は、少なく見積もっても十数万あると言われている。日本の人口は１億3000万人。1300人以下でひとつの名字を共有、という計算になる。韓国や中国と比較すれば、その差は歴然であり、日本の名字のひとつひとつがかなりレアなものに思われる。

とはいえ、世界にはそれぞれの名字のレア度が日本よりずっと高い国が存在する。それは、北欧のフィンランド。およそ550万人の人口に対して、数万種類もの名字が存在している。ひとつの名字を共有するのが、なんと500人以下なのだ。

ちなみに、前述のような人口比では見ずに、純粋に名字の種類の多さで考えると、ダントツなのはアメリカである。“人種のるつぼ”などと言われるアメリカは、移民に満ち満ちた国。その移民のルーツもヨーロッパ各地、南米、日本を含むアジア圏などさまざまであり、各国からの移民はそのままの名字で戸籍を作る。すなわちそれは、アメリカにはAndersonやSmithといったヨーロッパ由来の名字も、SuzukiやTanakaという日本由来の名字も、もちろんその他の国の名字もすべて混在しているということ。「もしかしたら」ではあるが、あなたの名字もアメリカでは案外普通…かもしれない。

九州・沖縄

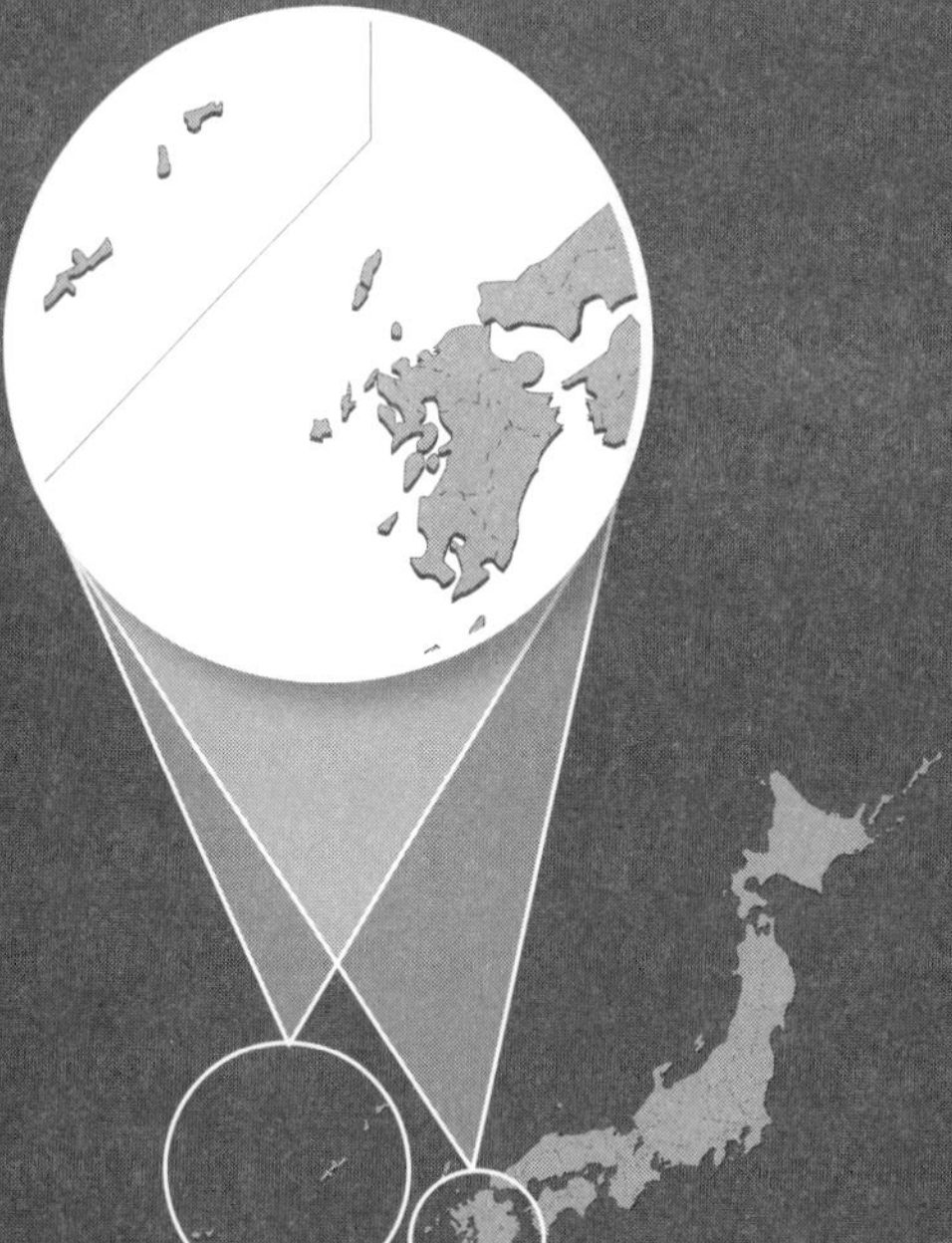

福岡県
佐賀県
長崎県
熊本県
大分県
宮崎県
鹿児島県
沖縄県

福岡県

九州きっての大都市に九州の特徴が凝縮

人口
5,050,679人
面積
4,986.52k㎡
県庁所在地
福岡市
県花・県木・県鳥
花・ウメ 木・ツツジ 鳥・ウグイス

西日本の代表的な名字に続いて九州ならではの名字がランクイン

九州地方きっての大都市、福岡市と北九州市を擁する福岡県。九州全域からの流入人口が多いせいか、名字分布も九州の特徴を凝縮した形になっている。1位の「田中」は西日本の代表的な名字で、2位と4位には九州に多い「中村」「井上」が。3位の「古賀」は、福岡県南部から佐賀県にかけての北九州一帯で非常に多く見られる名字で、まさに九州ならではのランキングとなっている。

全国の「石橋」さんの18％が福岡県内に集中している

福岡を代表する名字のひとつに、20位の「石橋」がある。全国の「石橋」さんの、実に18％が福岡在住だ。タイヤのブリヂストンを創業した石橋正二郎氏も福岡出身で、ストーン（石）とブリッジ（橋）から社名をつけたのは有名な話。

福岡らしい名字として、ほかには「香月」「白《しろ》水《うず》」「八尋《やひろ》」「安永」「安武」「安河内《やすこうち》」「石松」などがある。

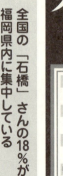

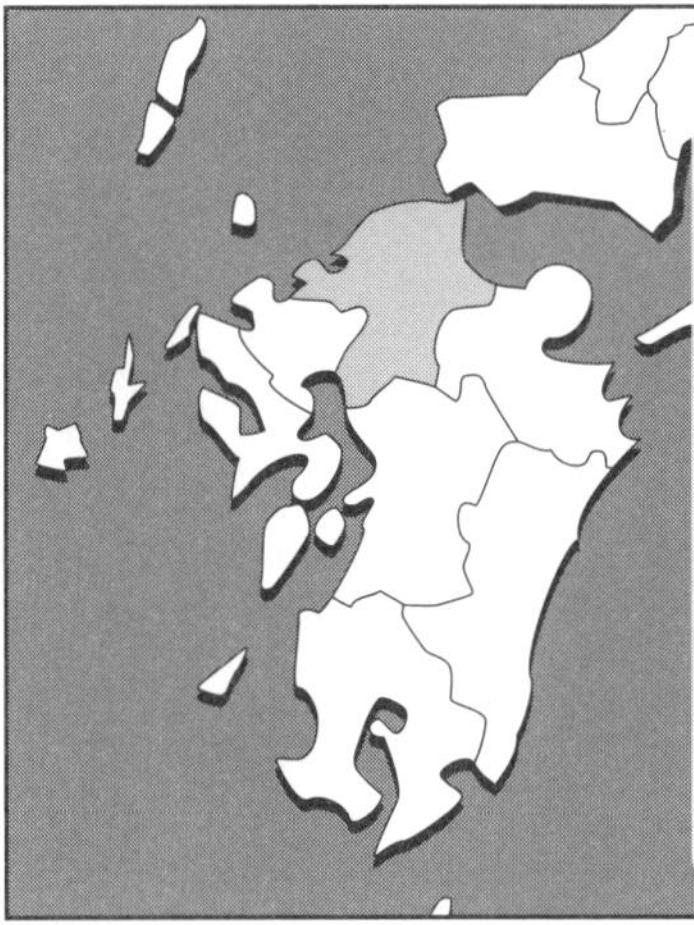

FUKUOKA 名字ランキング

1位……田中
2位……中村
3位……古賀
4位……井上
5位……山本

予備知識がないと読めない一風変わった名字も多数

「みやこ」と読む「京都」さんは、豊前《ぶぜん》国京都郡（現在の福岡県京都郡みやこ町）発祥といわれる伝統的な名字。同じく福岡発祥の「妻夫木《つまぶき》」は柳川市に集中して多く、全体のなんと7割が柳川市在住だ。

福岡県らしい名字

石橋　香月　白水《しろうず》
八尋《やひろ》　安永　安武
安河内《やすこうち》　石松

珍しい名字

柳川市…妻夫木《つまぶき》
京都《みやこ》　伊規須《いぎす》
独活山《うどやま》　許斐《このみ》
樗木《ちしやき》　波呂《はろ》　不老《ふろう》

佐賀県

歴史上の行政区分から長崎と似たランキングに

人口	818,552人
面積	2,440.68k㎡
県庁所在地	佐賀市
県花・県木・県鳥	花・クス 木・クスノキ 鳥・カササギ

江戸時代は長崎と合わせて肥前と呼ばれていた佐賀

佐賀のランキングトップ5に登場しているのは、九州に多く見られる名字ばかり。

「山口」「田中」は九州全域に広く分布しているが、3位の「古賀」は佐賀市から福岡県の柳川市が分布の中心で、4位の「松尾」は武雄《たけお》市から長崎県にかけてが中心。江戸時代までは長崎県と合わせて肥前《ひぜん》国とされていたため、名字の分布も長崎と似通っている。

佐賀藩主の鍋島家や松浦党など歴史に残る伝統の名字も

佐賀の名家といえば、佐賀藩主の「鍋島」家。ただし、現在は「鍋島」の名字は高知や大阪で多く、佐賀ではあまり多くない。

佐賀の珍しい名字に「源五郎丸《げんごろうまる》」や「田中丸《たなかまる》」がある。「丸」とは新しく開発した土地を表し、源五郎丸は源五郎が開発した土地という意味。

佐賀らしい名字として、ほかには「江頭《えがしら》」「副《そえ》島《じま》」「大坪」「岸川」「脇山」などがある。

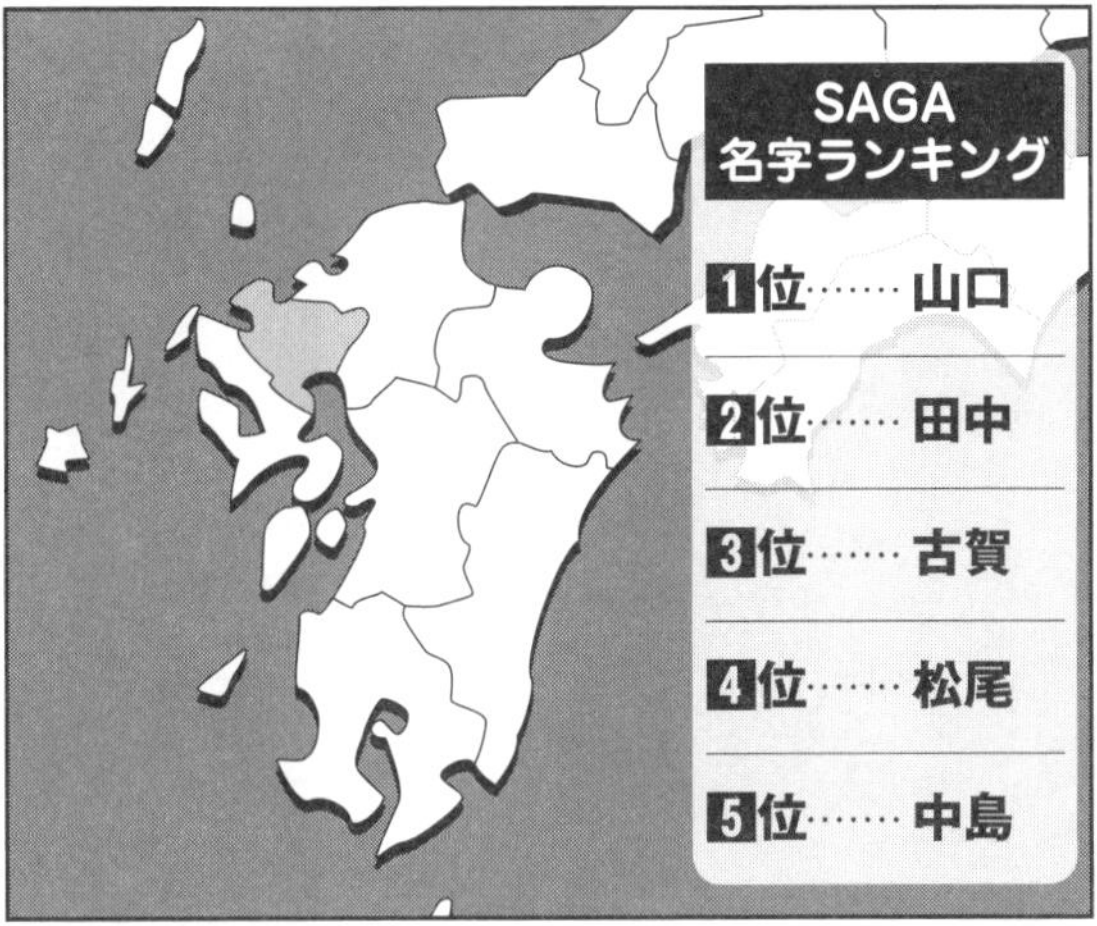

江戸幕府とは全く関係ない「徳川」さんだらけの村

将軍家の「徳川」とは全く別の一族だが、佐賀には「徳川」姓も多い。全県で約140人、そのうち半分以上が佐賀市にいて、佐賀市に合併された旧三瀬《みつせ》村では名字のトップ10に入っていたほど。もちろん人口に対する密集率は日本一だ。

佐賀県らしい名字

江頭《えがしら》　副島《そえじま》　大坪
岸川　脇山　大隈

珍しい名字

源五郎丸《げんごろうまる》　田中丸《たなかまる》
合六《ごうろく》　蘭《あららぎ》　黒髪《くろかみ》
袈裟丸《けさまる》　夏秋《なつあき》
服巻《はらまき》　無津呂《むつろ》

長崎県

外国への窓口だった時代の名残を今も残す

人口
1,346,301人
面積
4,130.88k㎡
県庁所在地
長崎市
府花・府木・府鳥
花・ウンゼンツツジ
木・ヒノキ/ツバキ
鳥・オシドリ

ランキング上位の名字は隣接する佐賀と共通点多し

長崎の1位、2位、4位は、おとなりの佐賀と同じ。3位の「中村」は佐賀では7位、6位以下の「吉田」「山下」「森」「山本」「前田」のうち「山本」以外は佐賀でも20位以内など、かつては同じ肥前《ひぜん》国だっただけあって上位は似通っている。

また、「田中」「中村」は西日本全体に多く、「山口」「松尾」「松本」は北九州地域に多い名字でもある。

最先端技術を運んできた渡来人の子孫が今も残る

中世から中国との貿易が盛んで渡来人も多かった長崎には、現代でも「何《が》」「陽《よう》」「楊《よう》」「王」のような中国系の名字を名乗っている家もある。そのほとんどが渡来時に当時の最先端技術を運んできた家系だけに、これらの一族からは学者も多く輩出されている。

ほかに長崎らしい名字として「林田」「岩永」「深堀」「高比良《たかひら》」「糸瀬」「下釜《しもがま》」などがある。

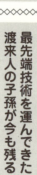

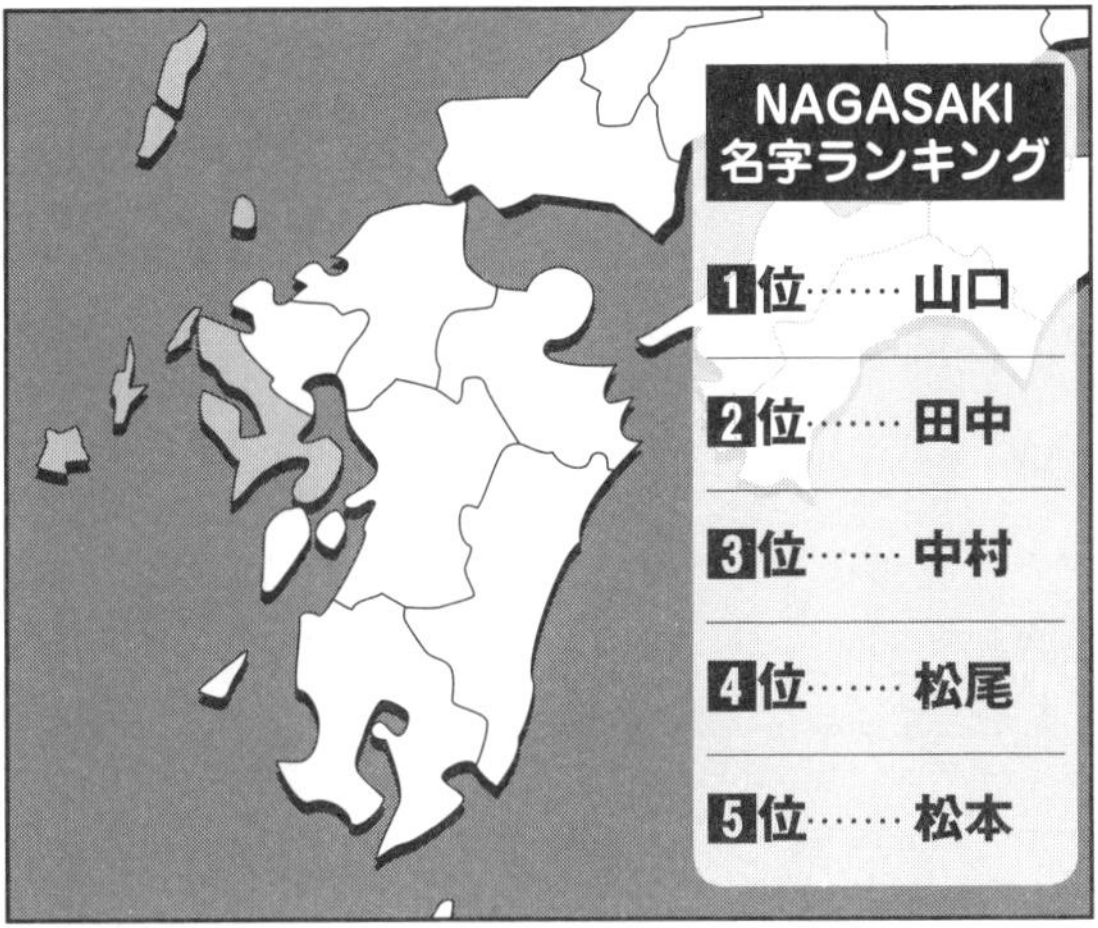
NAGASAKI
名字ランキング
1位……山口
2位……田中
3位……中村
4位……松尾
5位……松本

はるか昔の平安時代初期に はるばる千葉から入植した一族

対馬で最多の名字は「阿比留《あびる》」で、対馬出身以外の「阿比留」さんに会うのはなかなか難しい。しかしルーツは千葉県の安蒜《あびる》で、平安初期に対馬に移住したとか。ほかにも珍しい名字として「赤《あか》髭《ひげ》」「七種《さえぐさ》」「舎利倉《しゃりくら》」「博多屋《はかたや》」などがある。

長崎県らしい名字

林田　岩永　深堀
高比良《たかひら》　糸瀬
下釜《しもがま》　田浦

珍しい名字

対馬市…阿比留《あびる》
何《が》　赤髭《あかひげ》　七種《さえぐさ》
舎利倉《しゃりくら》　博多屋《はかたや》
古巣《ふるす》　毎熊《まいぐま》

熊本県

北九州地域と南九州の特徴をミックス

人口
1,754,015人
面積
7,409.48k㎡
県庁所在地
熊本市
県花・県木・県鳥
花・リンドウ 木・クスノキ 鳥・ヒバリ

九州らしい名字のなかには瀬戸内が本拠地の名字も

北九州地区に多い「田中」「中村」「松本」に続いて、瀬戸内海に分布する「村上」がランクイン。その下には南九州を中心に広がる「坂本」「山下」「本田」が入っていて、全体を通してみると九州全域をミックスしたような分布となっている。

熊本ならではの名字をあげると、「田上《たのうえ》」「緒方」「赤星《あかほし》」「古閑《こが》」「有働《うどう》」などになる。

傍流から主流になった「細川」とたくさんの支流を生んだ「菊池」

熊本といえば、熊本藩主の家柄で直系の子孫にあたる細川護熙《もりひろ》氏が総理大臣にもなった「細川」が有名。ルーツは愛知県で本家もそちらにあったが、戦国時代の混乱のなかで傍流の九州細川家が頭角を現し、本家と立場を逆転させた。

県北部の名家には九州を代表する菊池氏がいて、一族からは「天草《あまくさ》」「山鹿《やまが》」「米良《めら》」といったたくさんの名字が生まれている。

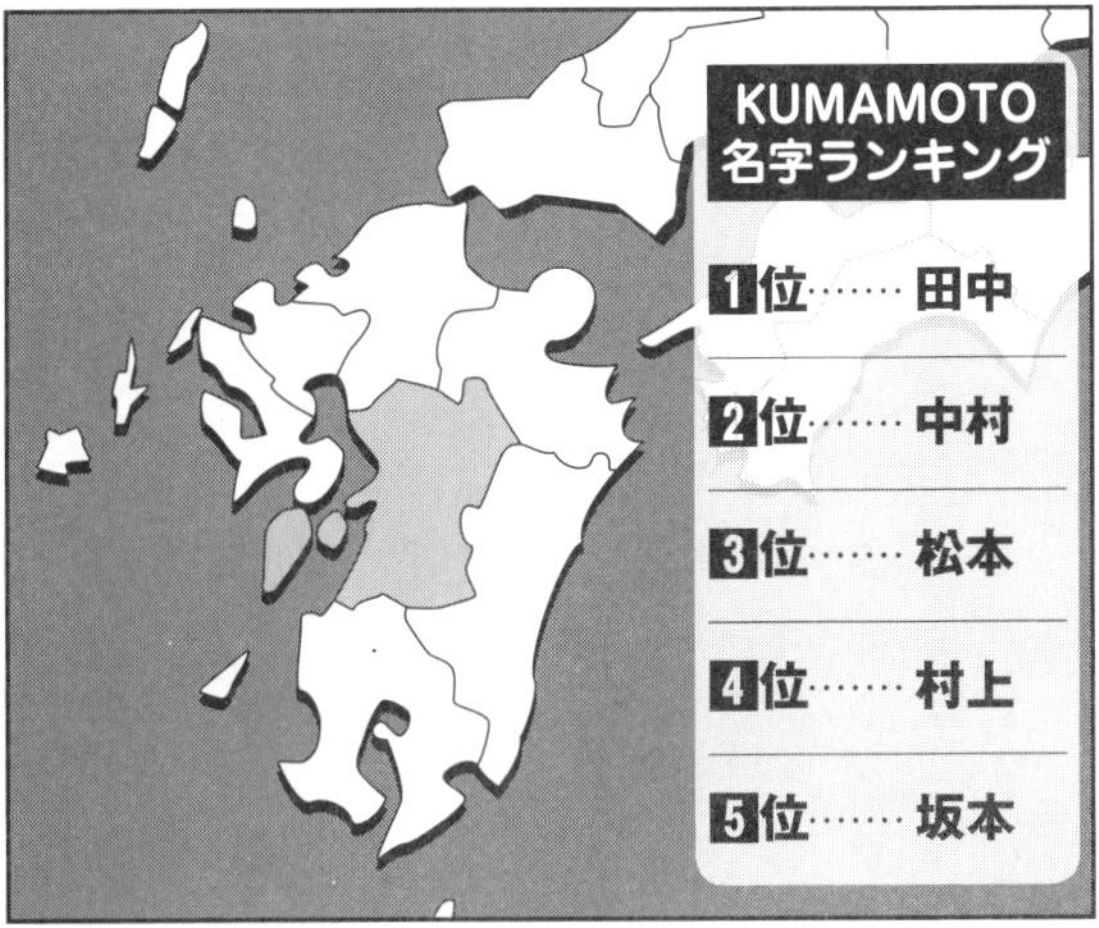

KUMAMOTO 名字ランキング

1位……田中
2位……中村
3位……松本
4位……村上
5位……坂本

全国でも珍しい一文字名字のうち最多人数を誇る「井」さん

阿蘇地方に多い「井」という名字は、読みもたった一文字の「い」。全国にさまざまな漢字1文字の姓があるが、漢字も読みも1文字なのは全部で20種類程度。そのなかでも「井」は最も多い名字となっている。

熊本県らしい名字

田上《たのうえ》　緒方　赤星《あかほし》
古閑《こが》　有働《うどう》

珍しい名字

阿蘇地方…井《い》
傘《からかさ》　鬼海《きかい》　淪《さざなみ》　淋《そそぎ》
父母《ふば》　与縄《よなわ》　日月《たちもり》
海《かい》　〆《しめ》　猪ノ子石《いのこいし》

大分県

九州で唯一の関東パターンをもつ

人口
1,141,793人
面積
6,340.73k㎡
県庁所在地
大分市
県花・県木・県鳥
花・ブンゴウメ
木・ブンゴウメ
鳥・メジロ

関東型の名字分布の理由には源頼朝と義経の兄弟が絡んでいた

大分の名字トップ5には、西日本に多い「田中」「山口」「中村」も、北九州でよく見られる「古賀」「松尾」も入っていない。どちらかといえば関東パターンに近く、東日本型の名字ばかりとなっている。これには理由があって、源義経に味方した緒方氏の領地を源頼朝が没収して、配下の関東の御家人に分け与えてしまったから。それで、九州では唯一の関東型となったのだ。

読み方は同じでも漢字が違う2種類の名字が混在する

大分には、読み方は同じでも漢字表記が違う姓が混在している。「河野」と「川野」、「安部」と「阿部」などで、いずれもどちらかが圧倒的に多いということもない。これも関東からの移住が多かった影響だろうか。

大分らしい名字としては「衛藤《えとう》」「首藤《しゅどう》」「阿《あ》南《なん》」「穴井《あない》」「三重野《みえの》」など。「衛藤」のような「藤」の字がつく名字も関東地方の特徴である。

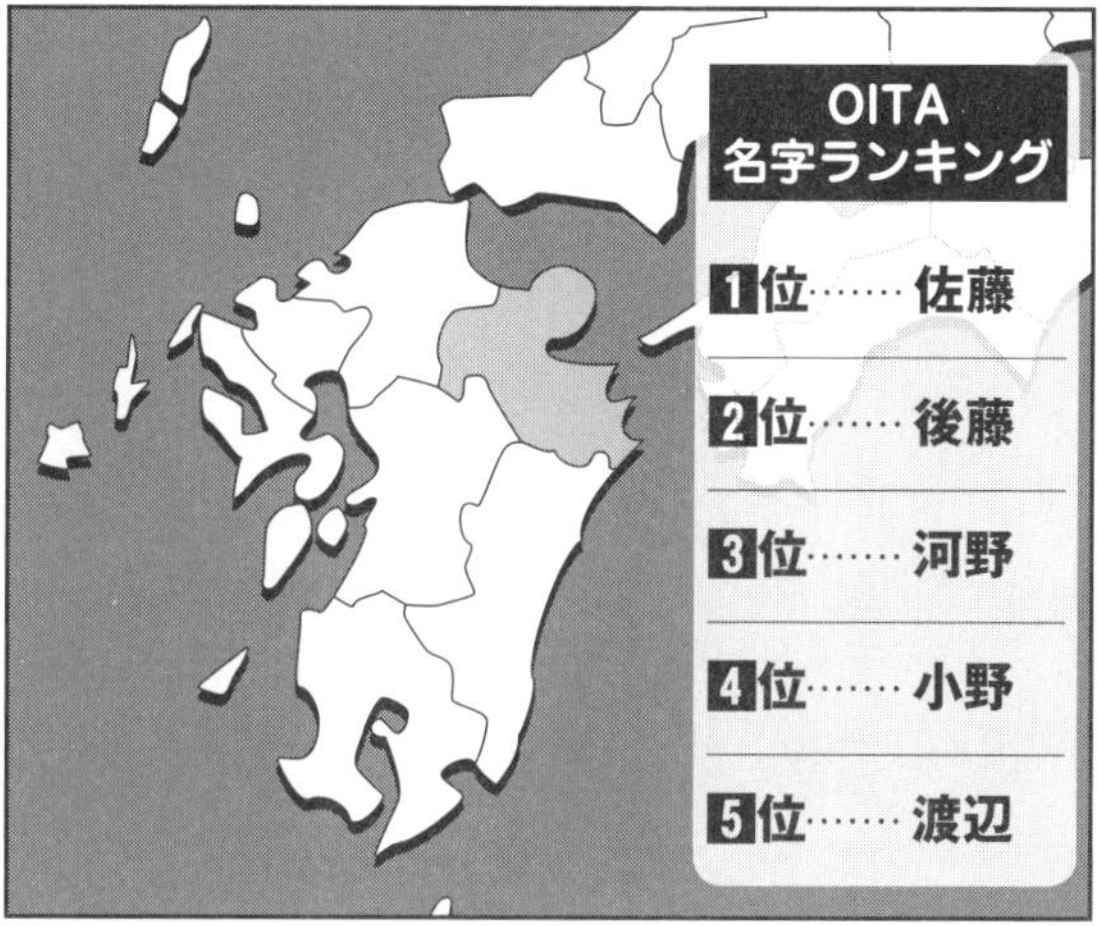

田んぼを意味する「丸」のついた意味不明の名字もあった

珍しい名字としては、「入不二《いりふじ》」「久多良木《くたらぎ》」「熊埜御堂《くまのみどう》」「銅直《どうべた》」「父母石《ふぼいし》」「小犬丸《こいぬまる》」「肉丸《にくまる》」などがあげられる。最後に「丸」の字のつく名字は九州に多く、誰が開いた田んぼかを表しているが、「小犬」や「肉」の由来は全く不明だ。

大分県らしい名字

衛藤《えとう》　首藤《しゅどう》　阿南《あなん》
穴井《あない》　三重野《みえの》
岩尾《いわお》　秋吉　姫野《ひめの》

珍しい名字

入不二《いりふじ》　久多良木《くたらぎ》
熊埜御堂《くまのみどう》　銅直《どうべた》
父母石《ふぼいし》　小犬丸《こいぬまる》
肉丸《にくまる》

宮崎県

宮崎県独特の名字がランキング上位を占拠

人口	1,083,463人
面積	7,735.32k㎡
県庁所在地	宮崎市
県花・県木・県鳥	花・ハマユウ 木・フェニックス 鳥・コシジロヤマドリ

他県ではあまり見られない「黒木」がランク1位を獲得

1位の「黒木」は、他県ではほとんど見られない名字。全国6万5000人の「黒木」さんのうち、およそ半数が宮崎に集中している。読み方は「くろき」「くろぎ」の2通り。黒木という地名も県内にいくつかあり、ルーツは熊本の菊池一族や鹿児島の島津一族など何流も考えられる。

2位の「甲斐《かい》」や4位の「日高」、その他「岩切」「長友」なども宮崎らしい名字だ。

変わった名字ではないものの全国では唯一という名字が

平家の落人伝説が残る椎葉《しいば》村では、もっとも多い名字が村名と同じ「椎葉」。県の「椎葉」姓の約半数、全国の15%近くが住んでいる。地名を名字にしたり、領地と同名をつけるのはよくある話ではあるが、最多の名字と自治体名が一致しているのは、全国でも椎葉村だけ。人の出入りが激しくなり、市町村合併が数多く行われた現代では珍しい貴重なケースだ。

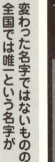

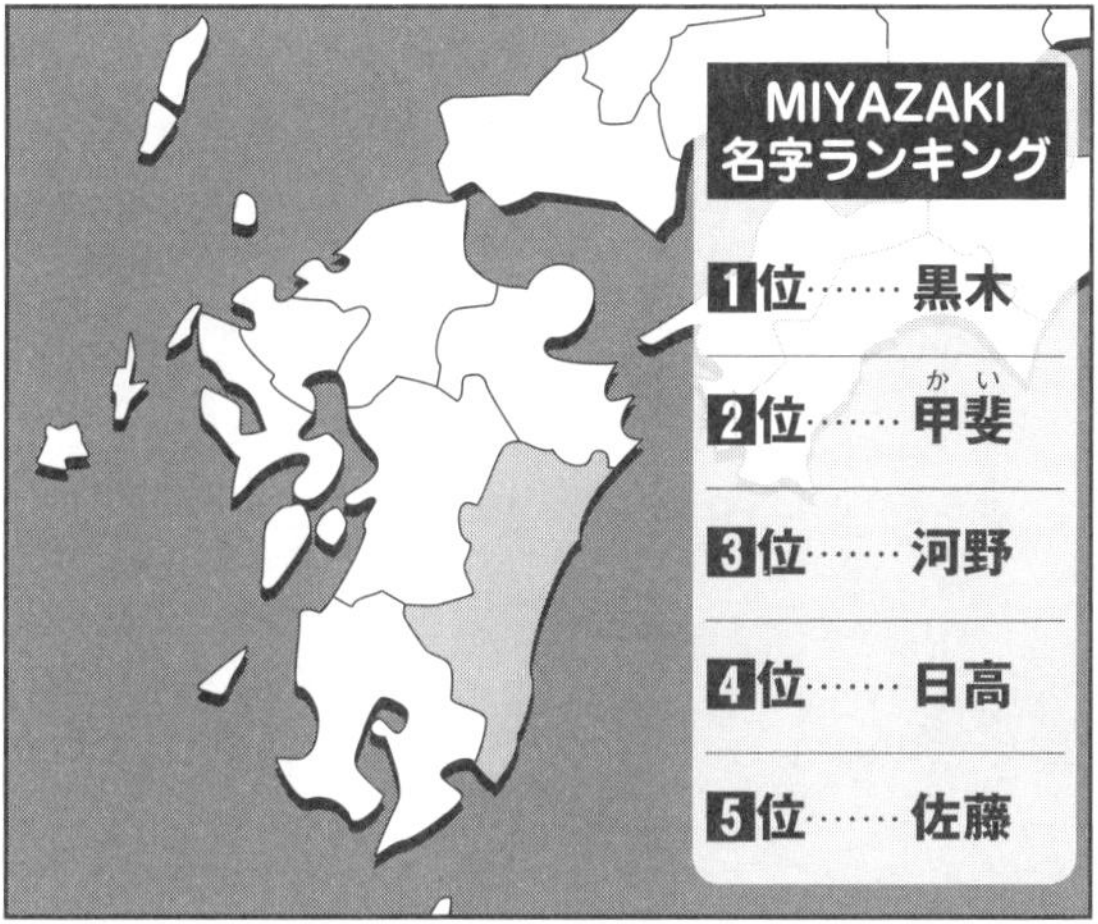

MIYAZAKI 名字ランキング

1位……黒木
2位……甲斐《かい》
3位……河野
4位……日高
5位……佐藤

熊本との県境を越えると名字の書き方も変化する

熊本県との県境の高千穂町には「飯干《いいぼし》」という名字がある。だが宮崎では「飯干」と書くのに対して、熊本では「飯星」と書くのが一般的だ。

珍しい名字としては、「男成《おなり》」「京牟礼《きようむれ》」「久寿米木《くすめぎ》」「砂糖元《さともと》」などがある。

宮崎県らしい名字

椎葉村…**椎葉《しいば》**
高千穂地方…**飯干《いいぼし》**
黒木　甲斐《かい》　日高
岩切　長友

珍しい名字

男成《おなり》　京牟礼《きようむれ》
久寿米木《くすめぎ》　砂糖元《さともと》
五六《ふのぼり》　外種子田《ほかたねだ》

鹿児島県

長期安定政権の元で独自の名字が発達

人口
1,616,961人
面積
9,187.01km²
県庁所在地
鹿児島市
県花・県木・県鳥
花・ミヤマキリシマ
木・クスノキ、カイコウズ
鳥・ルリカケス

全国的にメジャーな名字の文字を変えて独自色を強める

鹿児島1位の「中村」は全国では8位。特に西日本でよく見られる名字だが、最多となっているのは鹿児島だけだ。

トップ50を見ると、「川畑」「松元」「有村」「坂元」「橋口」「福元」「有馬」「鮫島」「岩元」といった鹿児島独自の名字が点在する。名字の「本」の字をことごとく「元」の字に変えてしまうのも、鹿児島ならではの特徴だ。

伝統の名家「島津」の祖先は源頼朝の御落胤という噂が

鹿児島の歴史ある名字というと、「島津」が思い浮かぶ。鎌倉時代から江戸末期まで、なんと650年にもわたって鹿児島を支配し続けてきた「島津」氏。これほど安定した政権は、長い日本史を紐解いてもほかでは見られない。ルーツは公家の近衛家に仕えていた下級家臣だったが、源頼朝によってこの一帯の荘園管理者に抜擢された。そのため頼朝の御落胤《ごらくいん》の家柄と噂がたったことも。

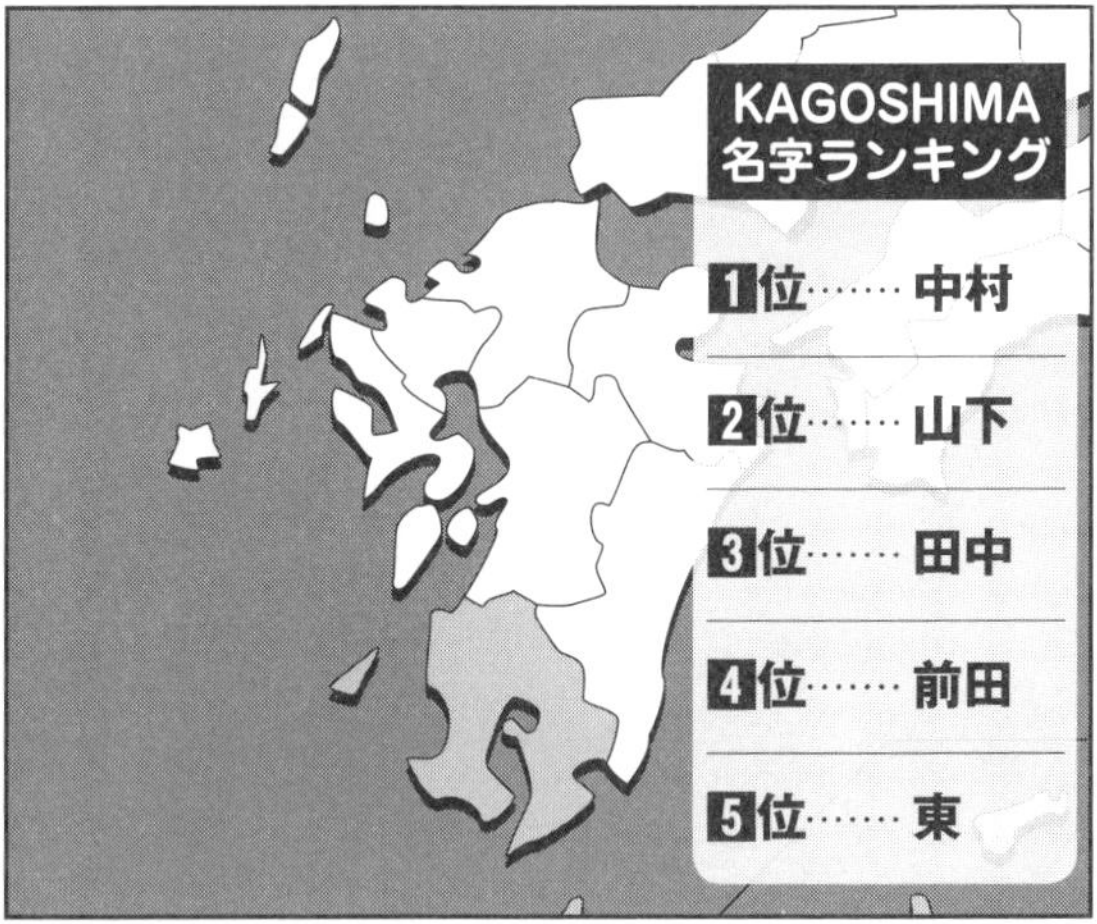

漢字4文字名字の種類は全国でも一番多い鹿児島

鹿児島には珍しい名字がたくさんある。そのひとつ「放生会《ほうじょうえ》」は、捕まえた鳥獣や魚を野に放って殺生を戒める儀式のことで、これが姓になった。また、「上加世田《かみかせだ》」「下小野田《しもおのだ》」のような4文字名字が全国で一番多い地域でもある。

鹿児島県らしい名字

南西諸島…**日高、栄**

岩元　大迫　川畑

坂元　鮫島　松元

珍しい名字

放生会《ほうじようえ》　歌枕《うたまくら》

上加世田《かみかせだ》

黒武者《くろむしや》　俵積田《たわらつみだ》

知識《ちしき》　水流《つる》　日本《にっぽん》

沖縄県

明治まで独立国だった沖縄は変わり名字の宝庫

人口
1,429,482人
面積
2,280.98k㎡
県庁所在地
那覇市
県花・県木・県鳥
花・デイゴ 木・リュウキュウマツ 鳥・ノグチゲラ

和風の名字を禁止されたことから さらに沖縄の独自色が強まった

明治になるまでは独立国で、ほとんど本土との交流をもたなかった沖縄は、名字の分布やランキングもまったくの別物。上位100までに範囲を広げても、本土と同じ名字は「上原」「石川」「松田」「中村」「山内」「山田」「前田」「平田」「山川」くらいしかない。薩摩藩が大和風の名字を禁止した時期もあったことから、中には「前田」を「真栄田」のように改姓したケースも見られる。

琉球語発祥の沖縄独自の名字も 時代によって読み方が変化

沖縄には「城」を使った名字が多く、本来はいずれも琉球語で「ぐすく」と読んでいた。今では名字によって読み方もさまざまに変化していて、「金城」は「きんじょう」、「大城」は「おおしろ」、「宮城」は「みやぎ」と読まれている。

沖縄の名家といえば琉球王家の「尚」氏だが、琉球を統一した第一尚氏と、家臣の「金丸」が実権を握って成り上がった第二尚氏がある。

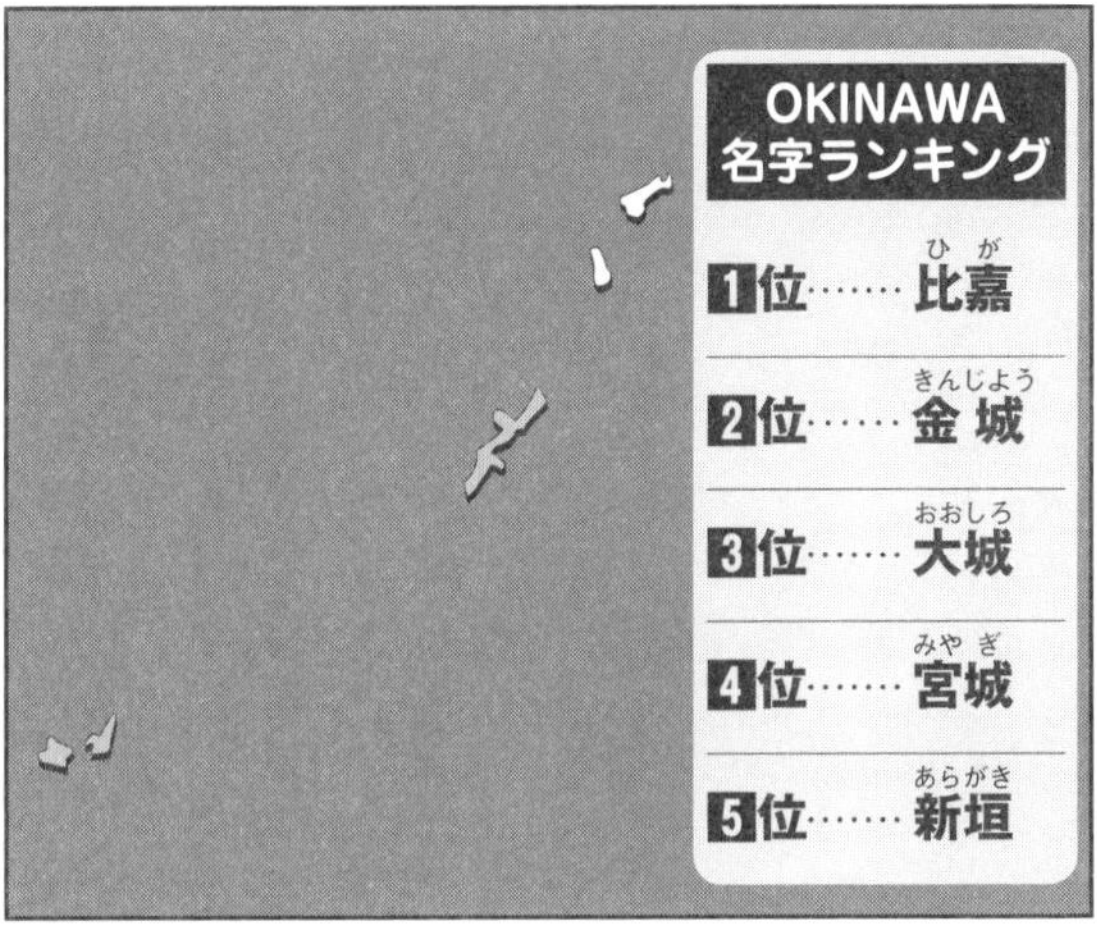

OKINAWA 名字ランキング

1位……比嘉《ひが》
2位……金城《きんじょう》
3位……大城《おおしろ》
4位……宮城《みやぎ》
5位……新垣《あらがき》

珍しくない名字を探すほうが難しいくらいのラインナップ

本土と重なる9つを除けば、あとは全部珍しい名字ともいえる沖縄。あえてあげるとすると、「阿波根《あはごん》」「入嵩西《いりたけにし》」「丑番《うすばん》」「海勢頭《うみせど》」「宇茂佐《うもさ》」「我如古《がねこ》」「我部《がぶ》」「上運天《かみうんてん》」「東風平《こちんだ》」「大工廻《だくじゃく》」「辺野喜《べのき》」「平安名《へんな》」などだろう。

沖縄県らしい名字

新垣《あらがき》　大城《おおしろ》　金城《きんじょう》
具志堅《ぐしけん》　平良《たいら》
比嘉《ひが》　与那嶺《よなみね》

珍しい名字

阿波根《あはごん》　入嵩西《いりたけにし》
丑番《うすばん》　海勢頭《うみせど》
我部《がぶ》　上運天《かみうんてん》
東風平《こちんだ》　大工廻《だくじゃく》

名字の旅へ
出発!

第三章

日本人の名字ランキング
上位50
ルーツ・カルテ

一番人数の多い名字は?
名字情報量 No. 1 サイト
「名字由来 net　https://myoji-yurai.net」
にしたがった名字ランキングです!

1位 佐藤《さとう》

全国で188万人以上！ 皆さん藤原氏の末裔です

日本人の名字ランキング第1位に輝く「佐藤」。ルーツは、平安時代、朝廷の要職を独占した貴族・藤原氏だ。藤原氏のなかでも、平将門を討ち東国一帯を支配下に置いた武将・藤原秀郷《ひでさと》、その子孫の公清《きみきよ》が「佐《すけ》」という朝廷職位についたのが始まりとされている。「佐」の職位に就いた「藤」原さんというわけだ。また、下野《しもつけ》国佐野（栃木県佐野市）に住んだ藤原氏、佐渡守《さどのかみ》になった藤原氏も「佐藤」のルーツといわれている。

およそ1,887,000人

著名人

歴史的に有名なのは、源平合戦の際に源義経に従った、佐藤継信《つぐのぶ》・忠信《ただのぶ》兄弟。歌舞伎や浄瑠璃に登場する「狐忠信《きつねただのぶ》」はこの忠信。

TOPICS

『新古今和歌集』に残る歌人・西行法師《さいぎょうほうし》の本名は「佐藤義清《のりきよ》」。義清が23歳で出家したため、この佐藤本家は徐々に傾き、のちに没落した。

ランキング

人数

1位……東京都
2位……神奈川県
3位……宮城県

密集度

1位……秋田県
2位……山形県
3位……宮城県

2位 鈴木《すずき》

積まれた稲藁から命名 総本家は和歌山に現存！

ルーツがひとつに限定される珍しいケースである鈴木姓。発祥の地は紀伊半島の熊野で、由来は農作物である。この地方では稲を刈り取ったあとに稲藁《いなわら》を積み重ねたものを「スズキ（ススキ）」といい、そこに漢字が当てられて「鈴木」姓が生まれた。この鈴木一族はのちに現在の和歌山県海南市に移り、熊野の神々の御子神《みこがみ》が祀られた王子社の神官となった。ここを拠点に、熊野信仰とあいまって発展していったのである。

およそ1,806,000人

ランキング

人数

1位……東京都
2位……愛知県
3位……神奈川県

密集度

1位……静岡県
2位……福島県
3位……山形県

著名人

戦国時代最強の鉄砲傭兵集団《てつぽうようへい》「雑賀衆《さいかしゆう》」のトップ、雑賀孫《さいかまご》市《いち》の本名は鈴木孫市重秀《まごいちしげひで》。司馬遼太郎の『尻くらえ孫市』にも登場。

TOPICS

現在もある王子社《おうじしや》のひとつ藤白神社のルーツの地として有名で、「鈴木サミット」も開催。近くには総本家「鈴木屋敷」も現存。

3位 高橋《たかはし》

「高」い「橋」に由来する橋のつく名字の代表格

橋自体が珍しかった古代、庶民がなかなかお目にかかれない「橋」、しかも高い橋のたもとに住む一族の姓として生まれた。人数では3位だが、佐藤、鈴木よりも古い歴史をもち、日本最古の歴史書『日本書紀』にも、古代の紳士録こと『新撰《しんせん》姓氏《しょうじ》録《ろく》』にも高橋姓が登場する。

後者に登場するのは高橋朝臣《あそん》。古代の第8代孝元天皇の子孫・膳《かしわで》氏の一族で、代々天皇や朝廷への食膳を担当する家柄だった。

◇◇◇

ランキング

人数

1位……東京都
2位……神奈川県
3位……埼玉県

密集度

1位……岩手県
2位……秋田県
3位……宮城県

＼およそ**1,421,000**人／

著名人

日本地図を作成した伊能忠敬《いのうただたか》の協力者に、高橋景保《かげやす》がいる。彼はシーボルトに日本地図を渡したことが発覚し、入牢中に死去した。

TOPICS

この高橋姓は、万葉歌人として有名な高橋虫麻呂をはじめとし、数多くの歌人を生み出している姓としても知られる。

4位 田中《たなか》

地形から生まれた姓のトップもちろん「田」の「中」の人

稲作文化から発展してきた日本の象徴ともいえるのが田中姓。家を中心としてその周りに田を作るのが一般的であったため、「田」のつく名字のなかでも田中姓が一番多い。

歴史は古く、現存する最古の歴史書『古事記』、『日本書紀』の双方に登場する。

沖縄県の「たなか」姓は本来は「田仲」で、「田中」は本土風に改姓したものか、本土からの移住組とされている。

\ およそ1,343,000人 /

ランキング

人数

1位……東京都
2位……大阪府
3位……福岡県

密集度

1位……鳥取県
2位……佐賀県
3位……滋賀県

著名人

戦国時代末期、豊臣秀吉に仕えた武将に、田中吉政がいる。のちに関ヶ原合戦で石田三成を捕え、32万5000石の大藩主になった。

TOPICS

全国にまんべんなく分布。全国34都道府県でトップ10に入っているほか、東北地方と沖縄以外ではベスト20までに登場する。

5位 伊《い》藤《とう》

伊勢に住んだ藤原氏 代々伊勢の平氏に従った

平安時代、伊勢国（三重県）の守に就いた尾藤基景《もとかげ》の子孫がルーツの伊藤姓。基景は、平将門を倒した藤原秀郷《ひでさと》の子孫。つまり「伊」勢の「藤」原氏として伊藤を名乗ったのだ。伊藤氏は代々伊勢平氏に従い、保元の乱や平治の乱で伊藤景綱《かげつな》が活躍、息子の忠清《ただきよ》と景家《かげいえ》も武将として源平合戦を戦った。富豪が多く、新潟には金融業や回船業で獏大な富を築き、広大な田畑を所有した豪農伊藤家、名古屋には松坂屋を経営する伊藤財閥がある。

ランキング

人数

1位……………… 愛知県
2位……………… 東京都
3位……………… 千葉県

密集度

1位……………… 秋田県
2位……………… 三重県
3位……………… 山形県

＼およそ**1,081,000**人／

著名人

伊藤博文は、もともとは林姓。長州藩の足軽の伊藤家に仕えていた林家から縁組され、伊藤姓となった。そのとき博文は14歳だった。

TOPICS

新潟の豪農・伊藤家の屋敷は現在、登録有形文化財・北方文化博物館（新潟市江南区）として公開されている。最寄駅はJR新津駅。

6位 渡辺《わたなべ》

嵯峨源氏の末裔が祖 摂津国生まれの地名姓

渡辺姓のルーツは、現大阪府北部にあった摂津国西成郡渡辺という一か所に限定されている。「渡邊」も「渡邉」もルーツは同じ。嵯峨《さが》天皇の子孫である嵯峨源氏の末裔がその地に住みつき、「渡辺党」という同族集団を組織した。そのメンバーが摂津国の港湾地域を拠点とし、海上交通を通じて日本全国へ散らばり、各地に氏族を残したといわれている。現在でも、大阪市北部の堂島《どうじま》川には「渡辺橋」がある。

◇◇

ランキング

人数

1位……………東京都
2位……………神奈川県
3位……………千葉県

密集度

1位……………山梨県
2位……………福島県
3位……………新潟県

\ およそ1,070,000人 /

著名人

渡辺党の祖とされる人物に、渡辺綱《わたなべのつな》がいる。源頼光《よりみつ》の四天王となり、羅生門に棲みついた鬼女を倒すなどの武勇伝が残っている。

TOPICS

山梨県富士吉田市周辺に渡辺姓が多く、その人口の６分の１が渡辺姓である。特に旧足和田村では人口の26％にのぼった。

7位 山本《やまもと》

「山」の「本」ふもとに住む人々 地形由来の名字・西日本代表

山本は田中と並ぶメジャーな地形姓で「山のふもと」に由来し、西日本に多い。宮崎県南部から鹿児島県にかけての地域では「山元」と書く場合が多い。その歴史は平安末期にさかのぼり、近江《おうみ》国山本（滋賀県長浜市）で琵琶湖の制水権を支配していた山本氏が古く知られる。山本姓はランキング上位の名字にしては珍しく、公家でも名乗られているのも特徴。公家の名字は京都の地名や寺からとられたケースが多く、異例といえる。

およそ1,057,000人

著名人

源平合戦の頃、琵琶湖付近で活躍した武将に山本義経《よしつね》がいる。源氏であり、名前が同じだったため、源義経と混同されたこともあった。

TOPICS

江戸時代、武田家の西方の守りとして八王子におかれた「八王子千人同心」。山本家はその頭の家柄で、5000坪以上の屋敷を誇った。

ランキング

人数

1位……大阪府
2位……東京都
3位……愛知県

密集度

1位……和歌山県
2位……山口県
3位……高知県

8位 中村《なかむら》

中心となる村の人々の姓 武家以外での名家も多数

中心となる村、そこに住む人という意味から生まれた中村姓。生活に密着した由来であることから全国各地に発祥の地が見られ、「一番最初の地」を特定するのは難しい。武家以外での名家が多いのも特徴。歌舞伎界では中村勘九郎の「中村屋」、中村橋之助の「成駒屋《なりこまや》」が有名。京都には、代々千家に出入りして茶道具の塗師《ぬし》として活躍している漆工《しっこう》の「中村家」がある。江戸中期の3代目宗《そう》哲《てつ》が特に名高く、現当主は13代目にあたる。

ランキング

人数

1位……東京都
2位……神奈川県
3位……大阪府

密集度

1位……山口県
2位……三重県
3位……長崎県

\ およそ **1,051,000**人 /

著名人

各地に名族がいる中村姓のなかでも、甲斐国中村（山梨県大月市）発祥の中村氏が著名。武田氏の重臣・板垣氏の一族といわれている。

TOPICS

全国に分布し、28の都道府県で名字人数ランキングトップ10入り、トップ50までに入らないのは山形と福島の２県のみ。

9位 小林《こばやし》

長野県と群馬県での歴史が古い「小さな林」に由来する名字

雑木林のような小さな林という意味から生まれた小林姓。地形に基づく名字だけに全国各地に発祥の地がある。人口に対する小林率が高いのは長野県で、総人口の3％強を占める。発祥地として有名なのは伊那郡小林村（飯田市）で、諏訪氏の一族がここに住み小林姓を名乗った。

山梨県でも小林率は高く、特に集中しているのが韮崎《にらさき》市。阪急電鉄や宝塚歌劇団の創始者・小林一三は韮崎市の商家の出身である。

\ およそ**1,034,000**人 /

ランキング

人数

1位……東京都
2位……埼玉県
3位……神奈川県

密集度

1位……長野県
2位……山梨県
3位……新潟県

著名人

俳人・小林一茶は信濃国（長野県）北部の柏原村（信濃町）の農家出身。継母との折り合いが悪く、15歳で故郷を出て江戸で奉公した。

TOPICS

都道府県別の名字ランキングでは、長野で1位、群馬、山梨でも第2位に入るほか、関東では全県でトップ10入りしている。

10位 加《か》藤《とう》

加賀の藤原氏の子孫 四国、九州以外に広く分布

「加」賀に住んだ「藤」原氏を由来とする加藤姓。『今昔物語』のなかで、芥川龍之介の小説『芋粥《いもがゆ》』の題材とされたというエピソード、その主人公にあたる藤原利仁《としひと》の子孫、7代目の景通《かげみち》がその始祖といわれている。景通の子・景員《かげきよ》が加賀から伊勢国（三重県）に転じたことにより、東海地方に広まることとなった。特に景員の次男・景廉《かげかど》の子孫が美濃国で繁栄をとげたことから、武家の加藤家には美濃国出身の者が多く見られた。

およそ892,000人

ランキング

人数

1位……愛知県
2位……東京都
3位……神奈川県

密集度

1位……愛知県
2位……岐阜県
3位……秋田県

著名人

戦国時代、猛将と呼ばれた加藤清正。秀吉方で活躍した若手武者7人衆「七本槍」のひとりで、朝鮮出兵時の虎退治の逸話が残っている。

TOPICS

四国と九州以外に広く分布するが、特に東海地方に多い。愛知県瀬戸市では人口の12%、約15500人が加藤姓となっている。

11位 吉田《よしだ》

優秀な田を持つ土地&人 稲作文化から誕生した地名姓

「良い田」という地名に由来する吉田姓。特別に素晴らしい田でなくても、「田」の美称として「よしだ」と呼ばれる土地もあり、こちらもルーツに含まれる。また、田の近くに生える植物の葦が「悪し」に通ずるとして、「よし」と言い換えていたケースもあり、「葦の生えている田」も「よしだ」と呼ばれ由来となった。吉田姓のなかで一番有名なのは、京都市左京区にある吉田神社の吉田氏。平安時代から神官をつとめる一族だ。

◇◇◇

\ およそ**835,000**人 /

ランキング

人数

1位……東京都
2位……大阪府
3位……埼玉県

密集度

1位……岩手県
2位……福島県
3位……福井県

著名人

『徒然草』の著者・兼好法師《けんこうほうし》は、京都の吉田氏の一族。当時は吉田ではなく卜部《うらべ》氏で、南北朝時代に吉田に改姓した。

TOPICS

芸能人にもファンの多いかばん専門メーカー「吉田カバン」。創業者は吉田吉蔵《きちぞう》。「一針入魂」で創業70年以上を誇る。

12位

山田《やまだ》

全国的に有名な家系のない庶民的名字のナンバーワン

「山の中にある田」という地形に由来する山田姓。山が多く、使える土地はできる限り田として拓いてきた日本らしい名字である。わずかな土地でも田へと開墾してきた名残で、発祥の地は全国各地に多く存在する。有名な家系が存在しないというのも特徴。鎌倉～室町～江戸時代を通じて大名になった家、公家や朝廷関係にも山田姓は見当たらない。一番有名なのは尾張国（愛知県）の山田氏で、尾張源氏といわれた同地の源氏の末裔である。

◇◇◇

ランキング

人数

1位……愛知県
2位……東京都
3位……神奈川県

密集度

1位……岐阜県
2位……愛知県
3位……福井県

およそ819,000人

著名人

鎌倉時代の文書『吾妻鏡《あづまかがみ》』には、当時御家人であった山田氏が登場する。山田姓きっての名家であるため、この子孫を名乗る家は多い。

TOPICS

全国12府県でトップ10入り。ベスト50までに登場しない県は岩手、山形、高知、沖縄の3県しかない。人口比率では岐阜、愛知に多い。

13位 佐々木《ささき》

滋賀県から広まった地名姓
宇多天皇の子孫・宇多源氏の嫡流

近江《おうみ》国蒲生《がもう》郡佐々木（滋賀県近江八幡市）を発祥の地とし、そこから全国に広まった佐々木姓。発祥地が一か所に限定される珍しい名字である。

かつて蒲生郡には沙々貴《ささき》神社を氏神とする「狭々貴山」氏が存在したが、源経頼《つねより》が佐々木に移住し佐々木を名乗ったため、徐々に同化していったと見られている。この佐々木氏からは、源平合戦・宇治川の先陣で活躍した佐々木四郎高綱《しろうたかつな》らの兄弟が輩出、鎌倉幕府の主要御家人となった。

およそ679,000人

ランキング

人数

1位	北海道
2位	岩手県
3位	東京都

密集度

1位	岩手県
2位	秋田県
3位	宮城県

著名人

広島県の平和記念公園の『原爆の子の像』。そのモデルは佐々木禎子ちゃん。白血病で亡くなった際、同級生が募金で銅像を作成した。

TOPICS

北海道・東北地方と中国地方に多い。岩手では第2位、8道県でトップ10入り。秋田県東成瀬村では人口の3割が佐々木さんだ。

14位 山口《やまぐち》

山の入口が由来の地形姓 山口県山口市発祥の山口氏も

「山への入口」という地形を由来とする姓で、発祥地は全国各地に存在する。有名なのはやはり、山口県山口市発祥の山口氏。室町時代、山口県を本拠地として中国地方を支配していた大大名大内氏の分家が、地名にちなんで称したのが始まりだ。子孫は常陸牛久《ひたちうしく》（茨城県牛久市）で一万石の大名となった。ちなみに、山口県での山口姓は同県の名字ランキング99位で、全国で見れば少ないほうに分類される。

ランキング

人数

1位……東京都
2位……神奈川県
3位……大阪府

密集度

1位……佐賀県
2位……長崎県
3位……福井県

およそ647,000人

著名人

三菱UFJ銀行の前々身、山口銀行を中心とした山口財閥は奈良県の出。江戸時代中期に、大阪で呉服商として成功した。

TOPICS

全27都道府県で名字ランキングトップ30に入り、佐賀と長崎県では第1位となっている。密集率では西九州が高い。

15位 松本《まつもと》

ルーツが曖昧な聖なる木の姓 著名な一族がいないのも特徴

「松」は日本人になじみ深い一方で、正月の松飾りなど「聖」なる意味合いをもつ木でもある。そのような理由から「松」のつく名字は多く、なかでも一番人数が多いのが松本姓である。ルーツがはっきりしないものが多く、武将や公家などの有名な一族が見当たらないのも松本姓の特徴。

長野県にある松本城は、中世のころには深志《ふかし》城《じょう》とされていたが、源氏末流の小笠原氏により、「松」に瑞祥の願いを込めた松本城に改名された。

およそ631,000人

ランキング

人数

1位……大阪府
2位……東京都
3位……埼玉県

密集度

1位……鳥取県
2位……長崎県
3位……熊本県

著名人

著名な一族のない松本姓のなかで一番有名なのは、歌舞伎役者の松本幸四郎一族といってよいだろう。現松本幸四郎の戸籍上の姓は「藤間」。

TOPICS

全国に分布する松本姓だが、特に西日本で多い。大阪、兵庫、奈良、和歌山、鳥取、長崎、熊本で名字ランキングトップ5に入っている。

16位 井上《いのうえ》

長野県須坂市発祥の姓 清和源氏の源頼季が祖

水を得る場所＝「井」、水のあるところは人の集まる場所＝集落、村。その周辺を意味する地名に由来する井上姓の多くは、長野県須坂市をルーツとしている。平安時代に須坂市に住んだ清和源氏の源頼季《よりすえ》が祖であり、信州を代表する武士団に発展した。以降、子孫は全国各地へ分散していった。そのなかでも播磨《はりま》国（兵庫県）と安芸《あき》国（広島県）に住んだ一族が有名。幕末の長州藩士・井上馨《かおる》は安芸井上氏の子孫である。

ランキング

人数

1位	東京都
2位	大阪府
3位	神奈川県

密集度

1位	福岡県
2位	佐賀県
3位	愛媛県

およそ617,000人

著名人

播磨国の井上正継《まさつぐ》は、鉄砲術師として徳川家康に仕え、「井上流砲術」を開いた。江戸時代には幕府の旗本になっている。

TOPICS

井上姓は現在28の都道府県でトップ30に入る。特に西日本に多く、福岡県八女《やめ》市の上陽地区では人口の約半数が井上姓となっている。

17位 木村《きむら》

地名発祥なれど発祥地は不明 佐々木氏の末裔とも

「木村」という地名をルーツとする姓であるが、地名自体はそれほど多いことはないものの、正確な発祥地は特定できていない。歴史的に有名な氏族も特にはいない。

古くは、下野《しもつけ》国都賀《つが》郡木村（栃木県）で生まれた木村氏が記録に残る。平安時代の武将・藤原秀郷の末裔である足利信綱《のぶつな》が木村氏を名乗るようになった。近江国木村郷（滋賀県）発祥の木村氏も有名だが、こちらは佐々木氏の末裔といわれる。

およそ579,000人

ランキング

人数

1位……東京都
2位……神奈川県
3位……埼玉県

密集度

1位……青森県
2位……茨城県
3位……宮城県

著名人

大相撲の立行司である木村庄之助は、代々名を引き継ぐ。2015年に37代目が引退し、現在は襲名者不在。初代は寛永年間の人とされている。

TOPICS

ランキングトップ10に入っているのは、青森、茨城、滋賀、京都、和歌山、香川の６つ。トップ50なら35の都道府県で入る。

18位 林《はやし》

木々が生い茂る風景に由来 ほかの地名が転化した林さんも

文字通り、木々が多く茂る「林」が由来の地名姓。日本のいたるところに林があったことにより、全国各地に発生した。

それとは別に、河内国拝志《はいし》郷（大阪府）や加賀国拝師郷（石川県）などの地名が転化してできた林姓もある。

有名なのは、徳川家に仕えた儒学者・林羅山《らざん》。この林家は、孫の鳳岡《ほうこう》の代から幕府の学問所を統括する「大学頭《だいがくのかみ》」を代々務め、4代目まで続けた。

\ およそ**548,000**人 /

ランキング

人数

1位……愛知県
2位……東京都
3位……大阪府

密集度

1位……岐阜県
2位……富山県
3位……福井県

著名人

江戸時代、上総《かずさ》国（千葉県）に小笠原氏の支流の小大名・林氏があった。水野忠邦《ただくに》の天保の改革を妨害した林忠英《ただふさ》はこの一族の出だ。

TOPICS

富山県で名字ランキング2位に入るなど、北陸を中心に東海地方にかけて広く分布している。密集度で見ると岐阜県が一番多い。

19位 斎《さい》藤《とう》

斎宮頭の藤原氏がルーツ
東日本を中心に分布

「藤」のつくほかの名字と同様、藤原氏の末裔である。斎藤姓の祖は藤原利仁《としひと》の子・叙用《のぶもち》だ。天皇に代わって伊勢神宮に奉仕する「斎王《さいおう》」という皇女たち、その世話係「斎宮頭《さいくうのかみ》」の藤原氏として「斎藤」を名乗った。武将として活躍した利仁が越前国（福井県）を本拠地としていたため、斉藤を名乗る子孫も北陸を中心に分散していった。

斎藤姓で有名なのは、木曾義仲との戦いに白髪を染めて出陣、討ち死にした斎藤別当実盛《べっとうさねもり》だろう。

およそ546,000人

ランキング

人数

1位……東京都
2位……埼玉県
3位……神奈川県

密集度

1位……山形県
2位……秋田県
3位……福島県

著名人

戦国時代、一介の油商人から一国一城の主にまで上り詰めた、美濃のマムシこと斎藤道《どう》三《さん》。のちに土岐《とき》氏を追放し、美濃国を支配した。

TOPICS

現在、斎藤姓は東日本に多く分布しており、青森県から千葉県までの９県でランキングトップ10入り。北海道、新潟県では斉藤姓も多い。

20位 清水《しみず》

清い水の湧く場所がルーツ 地名に由来するものもあり

全国の「清水が湧く場所」で生まれた清水姓。発祥の地は全国にあり、清水という地名を由来とする清水姓ももちろんある。

清水氏で一番有名なのは、備中《びっちゅう》国（岡山県）の高松城城主の清水宗治《むねはる》だ。同国清水村（総社《そうじゃ》市）をルーツとするが、織田信長と毛利氏の中間点であったため、両氏の攻防の舞台となってしまった。合戦の最中に信長が本能寺で死去すると、宗治は切腹のみで講和、城兵の命を救った。

およそ535,000人

ランキング

人数

1位……東京都
2位……埼玉県
3位……神奈川県

密集度

1位……山梨県
2位……長野県
3位……群馬県

著名人

講談で知られる街道一の大親分・清水次郎長。この清水は名字ではなく、駿河国清水《しみず》湊《みなと》に由来する。本名は山本長五郎という。

TOPICS

北関東から甲信越にかけ分布し、群馬、富山、福井、山梨、長野の６県でトップ10入り。山梨では全人口の３％が清水姓だ。

COLUMN 7

15年前と今とでは変化した“漢字”の条件
帰化にまつわる名字の今

自身の希望で他国の国籍を得て、その国の国民となることを「帰化」という。帰化して日本国籍を取得したら、戸籍を新しく作ることになる。となると、戸籍に記載する氏名が必要となるが、これに関しては使用できる漢字に制限があること以外、とにかく日本語であればＯＫというのが法律上の決まりだ。ただ、以前は、戸籍の名字は“日本風のものにすること”と強く要請されてきた。「日本風」というのは、すでに日本人の名字に存在するもの、といったニュアンス。

【日本風の名字にして帰化した例】
ジェシー・ジェームス・ワイラニ・クハウルア→**渡邊大五郎**（元関脇）

日本人の妻の名字「渡邊」と、しこ名・高見山大五郎の「大五郎」から。

ところが、25年ほど前に政府の方針が変わり、名字をあえて「日本風」にする必要はなくなった。このため、帰化する前のもともとの名字の音に漢字を当てるものも増えている。

【日本風の名字にこだわらずに帰化した例】
サントス・アレサンドロ→**三都主アレサンドロ**（サッカー選手）
ロペス・ワグナー→**呂比須ワグナー**（サッカー選手）

このようにスポーツ選手にもその例が多く見られる。現在の日本には、帰化により、新しい名字が続々と誕生しているということである。

21位

山崎《やまざ(さ)き》

峰と峰をつなぐ線の先 ロマンあふれるルーツの姓

山崎とは「山の稜線の先端」を意味する地形姓。全国のそういった場所で、「山崎」という地名や名字が誕生した。

歴史上でもっとも有名なのは、近江《おうみ》国（滋賀県）の犬上郡山崎で古代から勢力を誇っていた山崎氏だろう。古代豪族・佐々木神主家から派生している。戦国時代に山崎堅家《かたいえ》が豊臣秀吉に仕えたことにより栄えた。関ヶ原合戦後には讃岐丸亀五万石の藩主となったが、３代で途絶えてしまった。

◇◇

\ およそ**485,000**人 /

ランキング

人数

1位	東京都
2位	埼玉県
3位	神奈川県

密集度

1位	高知県
2位	長野県
3位	富山県

著名人

山崎堅家が豊臣秀吉から与えられた三田城（兵庫県三田市）は、現在では三田小学校、有馬高校の敷地となっている。

TOPICS

山形県、沖縄県などを除き、まんべんなく分布。高知では名字ランキング第３位。東日本では「やまざき」、西日本では「やまさき」読みが多い。

22位 森《もり》

「もうり」が「森」に 木々が茂る地形もルーツ

源氏の末裔である毛利氏の「毛利」と、木々が茂る「森」の両方から転じて登場した森姓。「林」と同様の地形姓である。

森姓のルーツは愛甲郡毛利荘（神奈川県厚木市周辺）とされ、長州藩主の毛利氏の発祥地と重なっている。

源氏武士の鑑《かがみ》とされた源義家《よしいえ》の息子・義隆《よしたか》が、毛利に住み「森冠者《もりかじゃ》」と称したのが森姓の始まりだともいわれている。

ランキング

人数

1位	愛知県
2位	東京都
3位	大阪府

密集度

1位	長崎県
2位	香川県
3位	徳島県

およそ468,000人

著名人

戦国時代の武将に、信長に仕えた森可成《よしなり》がいる。可成の三男は信長の小姓を務めた森蘭《らん》丸《まる》で、本能寺の変では弟らと共に討ち死にした。

TOPICS

一部の県を除き、関東より西で広く分布。三重、徳島、香川、長崎ではトップ10入り。岐阜県旧武儀《むぎ》町（現在の関市）では人口の７％が森姓。

23位 池《いけ》田《だ》

水と田の日本の原風景から誕生 地名由来との2種のルーツ

水田とともに発展してきた日本の歴史のなかで、水をたたえる「池」と「田」は生活と切っても切り離せないもの。そんな日本の農村風景から生まれた池田姓は、全国各地に発祥の地をもっている。「池田」という地名からも発祥したが、そのなかで有名なのが、美濃国池田郡池田荘（岐阜県）発祥で、紀《き》氏（紀貫之《きのつらゆき》が出た家）の子孫といわれる古代豪族・池田氏である。岡山藩、鳥取藩で藩主を務め、信長・秀吉に仕えて一家を興した。

およそ453,000人

ランキング

人数

1位……東京都
2位……大阪府
3位……神奈川県

密集度

1位……佐賀県
2位……長崎県
3位……鹿児島県

著名人

1946年に富士通通信機製造に入社、コンピュータの国産化に尽力し大きな功績を残した、池田敏雄。1971年に紫綬褒《しじゅほう》章《しょう》を受章した。

TOPICS

京都三条の旅館・池田屋に潜伏していた尊攘派の志士たちを新撰組が襲撃した「池田屋事件」。その跡地はパチンコ屋などを経て、現在は居酒屋だ。

24位 橋本《はしもと》

川の多い日本では発祥地多数 公家にも橋本一族あり

「橋のたもと」という地形から由来するもの、「橋本」という地名に由来するものの両方があり、いずれも発祥地は全国各地に見られている。

橋本姓のなかでも特によく知られているのが、公家の橋本家だ。藤原氏一族の末裔である西園寺氏の支流で、代々笛を演奏する役職として、朝廷に仕えていた。その後幕末に入ると、尊皇攘夷派の公家として活躍し、明治時代には橋本実梁《さねやな》が伯爵となった。

◇◇

ランキング

人数

1位	東京都
2位	大阪府
3位	埼玉県

密集度

1位	福島県
2位	福井県
3位	石川県

\ およそ**450,000**人 /

著名人

緒方洪庵《こうあん》の適塾で医学を学んだ橋本左内《さない》は、清和源氏の出。幕末に尊王攘夷運動に参加、藩政の改革にあたるが安政の大獄で刑死。

TOPICS

全国31の県でトップ50入り。鹿児島と沖縄を除き、ほぼ全国的に分布しているが、トップ10入りは福島県のみ。

25位 阿部《あべ》

天皇の末裔と反乱者 2つのルーツにたどり着く

「あべ」と読む名字にはいろいろな漢字の組み合わせがあるが、ルーツはすべて同じとされている。最多数を誇るのが「阿部」である。「あべ」姓のルーツは大きくふたつに分けられる。古代豪族の大和国安倍（奈良県）発祥で、第8代孝元《こうげん》天皇と子孫が、地名にちなんで「阿部」と名乗ったのが始まり。現在の「あべ」姓はこの阿部氏の子孫が多い。このほかに、神武《じんむ》天皇と戦って敗れた青森県の豪族・長髄彦《ながすねびこ》の末裔が安倍一族になった。

ランキング

人数

1位……宮城県
2位……東京都
3位……北海道

密集度

1位……宮城県
2位……山形県
3位……岩手県

およそ447,000人

著名人

江戸時代の譜代大名に阿部氏がある。備中《びっちゅう》国福山、上総《かずさ》国佐貫、陸奥《むつ》国棚倉の３つの藩の藩主をつとめていた。藤原北家の末裔とされる。

TOPICS

東日本に集中。特に東北地方に多く、青森以外で11位以内に入る。関東より西では新潟、徳島、大分を除き、トップ10には入らない。

26位 石川《いしかわ》

地名発祥の名字で全国に分布 古代豪族の蘇我氏の末裔

「石川」という地名に由来した名字。発祥地は全国各地にある。

古くは、古代豪族の蘇我氏の一族に石川氏がいた。蘇我《そが》氏は大化の改新のとき、中大兄皇子《なかのおおえのおうじ》らに倒されたが、わずかに生き残った蘇我一族が石川に改姓した。

河内《かわち》国石川郡（大阪府）からは清和源氏の石川氏が出ている。八幡太郎（源）義家《よしいえ》の子孫で、のちに三河国に移り松平家に仕えた。

およそ429,000人

ランキング

人数

1位……東京都
2位……愛知県
3位……神奈川県

密集度

1位……栃木県
2位……愛媛県
3位……秋田県

著名人

河内国の石川氏に、家康の重臣だったにもかかわらず、出奔し秀吉に仕えた石川数正《かずまさ》がいる。家康のスパイ説など諸説が残った。

TOPICS

河内国石川郡の石川氏は、馬糧大豆のなかから納豆菌を発見。それを兵糧に採用したといわれている八幡太郎義家の子孫である。

27位 山下《やました》

山のたもとの農村が由来 地名とともに多数発生

「山の下、たもと」という意味をもつ地形姓である山下。昔の農村などでは、山のたもと部分に道があり、その両脇に家が並んでいることが多かった。ゆえに「山下」という地名も多い。

山下家ではルーツのはっきりした名家はあまり存在しないが、室町時代に岐阜県の名族として知られていた「美濃の山下氏」や、長野県木曽郡発祥の「信濃の山下氏」がある。

ランキング

人数

1位……大阪府
2位……東京都
3位……福岡県

密集度

1位……鹿児島県
2位……香川県
3位……長崎県

\ およそ**421,000**人 /

著名人

画家の山下清は、18歳で千葉県の養護施設・八幡学園を出てから15年間、放浪の旅を続けた。1971年、49歳のとき他界した。

TOPICS

四国から九州までの多くの県でトップ20入り。関東以北では、上位50位に入っているのは北海道と東京と神奈川のみ。

28位 中《なか》島《じま》

土地の場所をしめす方位姓 発音は「なかじま」が一般的

岐阜県、愛知県、兵庫県、高知県が代表的な発祥地とされている「中島」。読みは「なかじま」が一般的だが、九州地方では「なかしま」とにごらないことも多い。同じ読みの「中嶋」も含め、ルーツは地名である。

歴史上で有名な中島氏といえば、尾張国（愛知県）発祥の中島氏で、鎌倉時代の文書『吾妻鏡《あづまかがみ》』にも登場する。また相模国（神奈川）の中島氏は、黒船が到来した際、ペリーとの交渉を担当した。

およそ403,000人

著名人

『山月記』で知られる作家・中島敦は、旧東京市四谷区箪《たん》笥《す》町の生まれ。病弱で神経質なイメージのとおり、33歳の若さで他界した。

TOPICS

関東、東海、九州地方に多く、佐賀と群馬でトップ10入りしているほか、全国24都府県でトップ50入りしている。

ランキング

人数

1位……………… 東京都
2位……………… 埼玉県
3位……………… 神奈川県

密集度

1位……………… 佐賀県
2位……………… 群馬県
3位……………… 岐阜県

29位

石《いし》井《い》

水のある場所が発祥の地 日本全国にルーツあり

「石」は石の多い場所、例えば磯や川岸などの場所を表し、「井」は水を得る場所を指す。つまり石の多い水場で「石井」という地名が生まれ、そこから名字も生まれたのである。

有名なのは安芸《あき》国安南郡中村石井（広島県）発祥の小大名・石井氏で、南北朝時代から代々石井城に居城していた。このほか、下総《しもうさ》国石井（茨城県）、相模国石井（神奈川県）などでも石井姓が誕生、繁栄している。

◇◇◇

ランキング

人数

1位……東京都
2位……千葉県
3位……神奈川県

密集度

1位……千葉県
2位……神奈川県
3位……岡山県

およそ398,000人

著名人

読みは「いわい」となるが、公家に石井家がある。

TOPICS

東日本、特に南関東に集中している名字で、全国では7つの都県でトップ30入り。西日本では岡山、香川に多い。

30位 小川《おがわ》

「小さな川」に由来する日本全国を発祥の地とする名字

「小さな川」にちなんだ地名から生まれた小川姓。川の多い日本らしく、発祥地は全国に数多くある。小川一族でまず最初に名前が挙がるのは、源氏の支流で常陸国茨城郡小川郷（茨城県）発祥の小川氏である。源義光の流れをくむ名族で、佐々木宗《むね》義《よし》の代で小川氏を称するようになった。

武蔵国多摩郡小河郷（東京都）や上野《こうずけ》国利根郡小川（群馬県）でも、同様に地名から小川姓が発生していった。

◇◇◇

ランキング

人数

1位……………東京都
2位……………千葉県
3位……………神奈川県

密集度

1位……………千葉県
2位……………岐阜県
3位……………長崎県

＼ **およそ398,000人** ／

――著名人――

『赤い風船』や『赤い蠟燭《ろうそく》と人魚』などで知られる児童文学者の小川未明《みめい》は新潟県上越市の出身。早稲田大の前身校で坪内逍遥《つぼうちしょうよう》に学んだ。

――TOPICS――

滋賀県甲賀郡信楽町小川には、徳川家康が明智光秀から逃げる最中に一夜を明かした小川城跡が残る。
全国にまんべんなく分布。

31位

前田《まえだ》

日本の農村を表す名字「神社や寺社の前」の意も

「手前のほうにある田んぼ」という意味の地形姓で、山田、吉田とともに、日本の農村を表す名字である。ほかにも、神社や寺社など特定の建築物の前にある田を指すという説もある。いずれにしても発祥地は全国にまんべんなく存在する。

有名な前田氏といえば、加賀百万石を築いた前田家。利家《としいえ》の父は小土豪で、利家が当時新興勢力だった織田信長に仕えたことで、一族の隆盛を見るようになった。

◇◇

ランキング

人数

1位……大阪府
2位……兵庫県
3位……東京都

密集度

1位……鳥取県
2位……福井県
3位……佐賀県

＼ およそ384,000人 ／

著名人

「富山の薬売り」を全国区にした、富山藩２代目当主の前田正甫《まさとし》。彼は江戸城で大名の腹痛を「富山の薬」で治した。

TOPICS

現在は、東北以外の地域に広く分布。全国７県でトップ10入りしている。

32位 岡田《おかだ》

平地より高い場所の田「岡田」のルーツは地名から

岡田は全国の「岡田」という地名から発生した名字。「岡」とは平地よりやや高い場所を表しており、岡にある水田という意味で、この地名がついたとされている。

歴史的に有名なのは、江戸時代に下野《しもつけ》国栃木(栃木県)にあった豪商の岡田氏だ。第30代敏達《びだつ》天皇の末裔というこの一族は、もとは上杉氏に仕えた武家であったが、江戸時代に帰農。新田開発を行い、栃木発展の礎を築いた。

＼ およそ**381,000**人 ／

著名人

2・26事件時の内閣総理大臣・岡田啓介《けいすけ》。軍縮派だった彼は、押入れに隠れ、変装して脱走し、難を逃れた。代わりに弟が射殺された。

TOPICS

下野国栃木の岡田氏の当主は代々「嘉右衛門《かうえもん》」と名乗ったため、周辺は栃木市嘉右衛門町と呼ばれている。

ランキング

人数

1位……東京都
2位……大阪府
3位……愛知県

密集度

1位……香川県
2位……広島県
3位……愛媛県

33位

長谷川《はせがわ》

奈良の初瀬川発祥
子孫は足利将軍に仕えた

大和国（奈良県）初瀬《はつせ》川に由来する名字。この流域で勢力を誇った武士団が、「はつせがわ」、転じて「長谷川」党を名乗ったのが始まりとされている。長谷川の祖となった一族は、平安中期の武将・藤原秀郷《ひでさと》の子孫であり、室町時代には大和国に住んで代々足利将軍家に仕えた。

安土桃山時代の当主・長谷川宗仁《むねひと》は堺の豪商から豊臣秀吉の旗本に転身、子孫は禄高三〇〇〇石の大出世を遂げた。

ランキング

人数

1位……東京都
2位……愛知県
3位……神奈川県

密集度

1位……新潟県
2位……福井県
3位……福島県

およそ379,000人

著名人

安土桃山時代の画家・長谷川等伯《とうはく》は能登出身。33歳のときに上洛し、72歳で死去するまで、貪欲に作品を描き続けた。

TOPICS

長谷川には、「舟が泊《は》つ瀬」（川をさかのぼった船の終着）や、両岸に長い谷が続くので「長谷の泊瀬川」という意味をもつとする説もある。

34位 藤《ふ》田《た》

完全地名発生の名字 藤の花、淵、縁にも由来

全国にある「藤田」という地名にルーツをもつ藤田姓。そのもとになった地名自体は、植物の「フジ(藤)」に由来するものや、「淵」や「縁」から転化して「ふじた」になったものもある。

平安〜室町時代、関東を中心に勢力を誇った同族武士集団「武蔵七党」の一派に、藤田氏の一族が属していた。この藤田氏は武蔵国藤田郷（埼玉県）に由来。同属の藤田行康《ゆきやす》は源平合戦のときに源氏方で討ち死にしている。

◇◇◇◇◇◇◇◇◇◇◇◇◇◇◇◇◇◇◇◇◇◇◇◇◇◇◇◇◇◇◇◇◇◇◇◇◇◇◇

ランキング

人数

1位……大阪府
2位……東京都
3位……兵庫県

密集度

1位……愛媛県
2位……青森県
3位……山口県

＼およそ**377,000**人／

著名人

下野国《しもつけ》（栃木県）の藤田氏は、武蔵の藤田氏と同族。関ヶ原合戦後、藤田重信《しげのぶ》は下野西方藩１万5000石の藩主となった。

TOPICS

沖縄以外のほぼすべての地域で見られる名字だが、特に多く集まっているのが瀬戸内海沿岸。都道府県別では山口県の13位が最高。

35位 後藤《ごとう》

「後」に住んだ「藤」原氏 鋳造職人を多数輩出

「伊藤」「加藤」と同様に、藤原氏一族の子孫。関白の二条家に使えた藤原家の子孫が、のちに備後《びんご》や肥後《ひご》などで国司《こくし》となり、「後」の藤原氏として「後藤」を名乗ったのが始まりだ。

後藤氏には鋳造《ちゅうぞう》職に携わる家が多く、室町時代には金属を溶解して鋳型に流し込み、刀剣や金具の装飾品を作る職人であった後藤祐乗《ゆうじょう》が名をはせた。江戸時代に鋳造発行所「金座」で貨幣を鋳造していたのも後藤家である。

ランキング

人数

1位……愛知県
2位……東京都
3位……大分県

密集度

1位……大分県
2位……山形県
3位……岐阜県

およそ374,000人

著名人

土佐勤皇党を断罪し、首領の武市瑞山《たけちずいざん》を切腹させた、幕末の志士・後藤象二郎《しょうじろう》。のちに土佐藩のために尽力した坂本龍馬の盟友となった。

TOPICS

山形県、東海地方、九州の一部に多く、全国では８つの県でトップ30に入っている。山形、岐阜、大分ではトップ10入り。

36位 近藤《こんどう》

近江の藤原氏が祖 鎌倉時代に繁栄した一族

「近」江の「藤」原氏を意味する名字。ほかの「藤」がつく姓同様、藤原氏の子孫である。

この子孫は、鎌倉時代には幕府の御家人として繁栄し、嫡流である三河国（愛知県）の近藤満用《みつもち》は「近藤氏中興の祖」といわれている。満用の孫・康用《やすもち》の時代に遠江《とおとうみ》国井伊谷（静岡県）に移り、その地の領主井伊氏に従った。その後、徳川家の重臣となった井伊氏に続いて近藤氏も旗本となり、5家に分かれてさらに発展を極めた。

ランキング

人数

1位……愛知県
2位……東京都
3位……神奈川県

密集度

1位……愛知県
2位……徳島県
3位……愛媛県

およそ371,000人

著名人

新撰組局長の近藤勇《いさみ》は、農家の三男として生まれた。天然理心流の近藤家の養子となり、武士の身分を得た。本来の姓は宮川である。

TOPICS

新潟、愛知、三重、岡山、徳島、香川、愛媛の7県でトップ30入り。九州、東北地方以外に広く分布する。

37位 村上《むらかみ》

配流先の地名に由来 海を制した猛者たちの子孫

信濃国村上郷（長野県）の地名から生まれた名字。11世紀末に源仲宗《なかむね》の子・盛清《もりきよ》が村上郷に配流され、その子・為国《ためくに》がその地で村上姓を名乗った。為国は保元の乱では平清盛側についている。

中世に瀬戸内海を支配していた海賊・村上水軍も信濃の村上氏の同族である。同氏の子孫は江戸時代には海運業を営み、ついには隠岐《おき》で豪商としてその名をはせた。現在、瀬戸内海沿岸で村上姓が多いのはそのためである。

ランキング

人数

1位……………大阪府
2位……………東京都
3位……………広島県

密集度

1位……………愛媛県
2位……………熊本県
3位……………広島県

およそ357,000人

著名人

平安時代から戦国時代まで瀬戸内を支配した村上水軍。その名を全国区にしたのは、1555年の厳島の合戦。陶晴賢《すえはるかた》軍を勇猛に破った。

TOPICS

村上春樹、村上龍と文豪の多い村上姓だが、一番最初に文学賞を受賞したのは、『上総風土記』（1940年）の村上元《げん》三《ぞう》である。

38位 遠藤《えんどう》

静岡生まれの大阪育ち 渡辺姓との関係も深い

遠江国《とおとうみ》（静岡県）に住む藤原氏の子孫。平安末期に、同族の遠藤遠光《とおみつ》が摂津国（大阪府）に移り住んでから、遠藤姓は広がりを見せていった。

『平家物語』には、藤原南家の末裔でありながら、平将門《まさかど》追討に加勢した藤原忠文《ただぶみ》の孫・遠藤六郎が摂津国渡辺に移り、渡辺遠藤を名乗ったという記録も残る。

このほか、桓武平氏で近江三上藩主となった遠藤氏もある。

ランキング

人数

1位……東京都
2位……神奈川県
3位……福島県

密集度

1位……福島県
2位……宮城県
3位……山形県

およそ335,000人

著名人

仙台・伊達家を支えた家臣団として有名な遠藤家。遠藤基信《もとのぶ》が伊達輝宗《てるむね》に認められ、正宗にも信頼厚く宿老として伊達家に仕えた。

TOPICS

西日本ではトップ50に入るのは鳥取県のみ。北関東から東北に多く、福島で５位、山形、宮城では11位にランクインしている。

39位 青木《あおき》

「青木」地名がルーツ 蘭学&外交に強い姓

「青木」という地名に由来する地名姓。武蔵国入間郡青木村（埼玉県）、近江《おうみ》国甲賀郡青木（滋賀県）などが発祥地として確認されている。

甲斐国発祥の青木一族も有名で、青木和泉守《かみ》が戦国時代に長州に移り、毛利元就《もとなり》に仕えた。江戸時代は山口県で医師の一族となった記録が残る。その子孫の青木周弼《しゅうすけ》が長崎で蘭学を学んだのちに長州藩の藩医となった。その孫、周蔵《しゅうぞう》は明治政府の外交官として不平等条約の撤廃に尽力した。

◇◇

＼ およそ**330,000**人 ／

ランキング

人数

1位……………東京都
2位……………神奈川県
3位……………埼玉県

密集度

1位……………群馬県
2位……………栃木県
3位……………長野県

――著名人――

戦国時代の武将・青木重直《しげなお》は、出世のために5人の主君に仕え、最後は家康から1万石を与えられ、摂津麻田藩の初代藩主となった。

―― TOPICS ――

関東地方から中国地方にかけて、広く分布。北関東に多く、栃木県では12位に入る。密集率第1位は群馬県である。

40位 坂本《さかもと》

漢字は違ってもルーツは一緒 みんな坂の下に住んでいた

「坂のふもと」を表す地形姓で、全国各地に発祥地が見られる。「坂本」「坂元」「阪本」「阪元」と同じ読みの名字が多数あるが、ルーツはすべて同じである。四国や九州に特に多く、宮崎県から鹿児島県にかけては、「坂元」が多い。

和泉国和泉郡坂本（大阪府）発祥の坂本氏は、3代の天皇に仕えて3世紀以上生きたといわれる伝説の人物・武内宿禰《たけしうちのすくね》の後裔とされ、代々坂本城に拠った。

ランキング

人数

1位……東京都
2位……埼玉県
3位……大阪府

密集度

1位……熊本県
2位……高知県
3位……青森県

およそ328,000人

著名人

幕末の偉人・坂本龍馬は、坂本姓の象徴。日本人初のビルボード1位を獲得した歌手の坂本九は9人兄弟の末っ子である。

TOPICS

全国にまんべんなく分布しているが、東海地方でやや少ない。全国11の県でトップ30入りしている。

COLUMN 8

実は存在していない、かもしれない
幽霊名字の謎

『日本人の名字なるほどオモシロ事典』森岡浩著（日本実業出版社、1998年刊）で提唱した言葉「幽霊名字」。これは、名字事典などにいかにも実在しているかのように紹介されているが、実際は存在しないと思われる名字のこと。どうしてこのような幽霊名字が発生してしまったのか。これには、大きく分けて６つの理由がある。

① 名字とは何かという定義を勘違いしたもの
② 芸名や筆名を本名と勘違いしたもの
③ 姓名間の区切りを間違えたもの
④ ミスの多い資料を利用したもの
⑤ 単純な転記ミス
⑥ 名字の読み方が振られていなかったため、他者が間違って読み、それを残してしまったもの

幽霊名字の発生理由で一番多いのは、おそらく②の「芸名や筆名を本名と勘違いしたもの」である。世に出回っている名字事典には必ず、芸名や筆名は対象外と明記されてはいるが、実際は多く収録されてしまっているのだ。ひとつ挙げるなら、「月亭」（つきてい）。同じ芸名でも、さすがに春風亭や三遊亭などを名字として収録している事典はないが、多少マイナーだと名字だと勘違いされてしまう様子。「〜亭」という名字は幽霊名字である可能性大、なのだ。

近年の名字事典は、名字の収録数を争う傾向にある。漢字ベースで８万以上、読みベースで20万以上の名字を収録している事典には、日本の総名字数から考えて、幽霊名字が含まれているといって間違いない。

41位 斉《さい》藤《とう》

斎藤は斉藤の旧字ではない！新潟県で多く見られる名字

「斎藤」の「斉」の旧字体は「齊」であり、ランキング上位に出ている「斎藤」姓とは別のもの。以前からの略字の流れで同一視されがちであるが、読みが同じなだけで、別の名字なのである。とはいえ、ルーツは同じ藤原氏の末裔だ。

「斉藤」は東日本に多いが、「斉藤」は全国にまんべんなく分布している。人口当たりの密集度では、トップは新潟県となっている。

およそ325,000人

ランキング

人数

1位……東京都
2位……北海道
3位……新潟県

密集度

1位……新潟県
2位……島根県
3位……長野県

著名人

斉藤を用いた企業で有名だった斉藤楽器製作所。マリンバなど鍵盤打楽器の主要メーカーだったが、2017年倒産。事業は野中貿易に受け継がれた。

TOPICS

密集度も人数も上位なのは新潟県。そのほか北海道、福島、長野、静岡、島根、宮崎の7道県でトップ30に入っている。

42位

福《ふく》田《だ》

栃木県での密集率高め 二代の総理大臣を生んだ名字

「福田」という地名を由来とした名字。一方で「湿地」を意味する「ふけた」という地形から派生したケースもある。肥前国《ひぜんのくに》彼杵《そのぎ》郡福田（長崎県）発祥の福田氏は、桓武平氏の末裔である平兼《かね》貞《さだ》が彼杵荘の地頭となり、その弟・包信《かねのぶ》が地名にちなんで名乗ったのがルーツ。後に大村藩の家老となった。そのほか有名なところでは、鎌倉時代に湊《みなとがわ》川の合戦で活躍した備後《びんご》国福田（広島県）発祥の福田氏、陸奥国名取郡高館城主の福田氏がある。

ランキング

人数

1位……東京都
2位……大阪府
3位……埼玉県

密集度

1位……栃木県
2位……鳥取県
3位……長崎県

＼ およそ314,000人 ／

著名人

2008年の１人目の総理大臣・福田康夫《やすお》は、第67代内閣総理大臣の福田赳夫《たけお》の息子。当選時は麻生太郎を大差で破った。

TOPICS

人口に対する密集度は、栃木県がダントツで高い。そのほか、山陰地方、九州の北部でも密集傾向にある。

43位 太田《おおた》

江戸城築城の功労者を生んだ地名発祥の名字

「太田」という地名から生まれた名字。発祥地も全国に見られる。有名なところでは、室町時代の武将で、江戸城を築城した太田道灌《どうかん》が出た丹波国桑田郡太田郷（京都府）発祥の太田氏がある。清和源氏の流れで、源頼政《よりまさ》の子・広嗣《ひろつぐ》を祖とする。史書『吾妻鏡《あづまかがみ》』に登場する太田氏や、美濃国発祥でのちに旗本となった太田氏も存在する。

なお、同じ読みの「大田」姓は、ここではカウントしていない。

＼ およそ312,000人 ／

著名人

すぐれた建築の才を発揮し、江戸城を築城した太田道灌。その後、江戸城の西方の守護として、市ヶ谷八幡宮も創設した。

TOPICS

15の県でトップ50に入るなど、全国にまんべんなく分布する太田姓。愛知、静岡、青森ではトップ30入り。

ランキング

人数

1位……愛知県
2位……東京都
3位……神奈川県

密集度

1位……静岡県
2位……青森県
3位……山形県

44位 西村《にしむら》

「方角の漢字＋村」のなかでは最多の数を誇る名字

「西にある村」を意味する地形から生まれた名字。発祥地は各地に見られ、「東西南北」に「村」をつけた名字のなかでは最多。周防《すおう》国玖珂《くが》郡西村（山口県）発祥で、府谷《ふのたに》八幡宮の神官を務めた西村氏は、源氏の末裔である。また、代々上杉家のもとで上方物資を調達してきた御用商人に西村家がある。江戸時代に入ってからの当主・西村久《きゅう》左衛門《ざえもん》は、米沢藩の京都御用商人として、最上川を使った輸送を考案し、経済の発展に尽力した。

およそ310,000人

著名人

安土桃山時代に「天下一」の称号を得た西村道仁《どうじん》は、織田信長の釜師となり、代々千家に出入りしている。子孫は永《えい》楽焼《らくやき》の祖となった。

TOPICS

西日本、特に関西を中心に広がる名字。滋賀、京都、鳥取、山口、高知ではトップ10に入る。

ランキング

人数

1位……大阪府
2位……東京都
3位……兵庫県

密集度

1位……滋賀県
2位……高知県
3位……山口県

45位 藤井《ふじい》

神道の末裔を含む地名姓 山陽地方に多い名字

「藤井」という地名にちなんで生まれた名字で、発祥地は各地に見られる。

有名なところでは、神道の一族として知られた卜部《うらべ》氏の支流で、江戸時代の公家であった藤井氏。卜部兼忠《かねただ》の子・兼国《かねくに》が藤井姓を名乗ったことに始まった。『徒然草《つれづれぐさ》』の吉田兼好《よしだけんこう》は同族である。常陸国那珂郡藤井（茨城県）発祥の藤井氏は清和源氏の末裔。藤井城を築いた下野《しもつけ》国都賀郡藤井（栃木県）発祥の藤井氏も著名である。

およそ310,000人

著名人

日本を代表する洋菓子チェーン・不二家の創始者の名は藤井林右衛門《りんえもん》。1910年、弱冠25歳で横浜に洋菓子店を開業した。

TOPICS

山陽地方に多く、岡山、広島、山口でトップ10に入るほか富山、兵庫で30位までにランクインしている。

ランキング

人数

1位……大阪府
2位……広島県
3位……兵庫県

密集度

1位……山口県
2位……広島県
3位……岡山県

46位

岡本《おかもと》

人が住みやすい場所の地名に由来

高台や丘のたもと、人々が住むのに適した場所を表す地名として日本各地に存在する「岡本」。名字の岡本はこの地名に由来するため、発祥地もさまざま。大和国岡本（奈良県）の岡本氏は、奈良時代後期の皇族・秋篠王《あきしのおう》らがこの地で岡本姓を賜ったのが始まりとされる。さらに源氏の末流で、江戸時代に回船業で成功した伊豆の岡本氏などもある。宮崎県南部や鹿児島県では「岡元」に変化するが、ルーツは同様である。

＼ およそ298,000人 ／

著名人

渡来系氏族として有名な岡本忌寸《いみき》は、河内国交野《かたの》郡岡本郷（大阪府）に住み、地名にちなんで岡本姓を名乗った。

TOPICS

奈良、和歌山、岡山でトップ10に入るなど、西日本に多い。その他、京都、鳥取、広島など８府県ではトップ30に入っている。

ランキング

人数

1位……大阪府
2位……兵庫県
3位……東京都

密集度

1位……岡山県
2位……和歌山県
3位……奈良県

47位 藤原《ふじわら》

「～藤」型名字のルーツ姓

多くの名字のルーツに絡んでいる藤原姓の歴史は古い。大化の改新を起こした中臣鎌足《なかとみのかまたり》が、天智《てんじ》天皇から「藤原」姓を賜ったのが始まりである。しかし文武《もんむ》天皇の代に、鎌足の次男・不比等《ふひと》の子孫以外が藤原氏を名乗ることは禁止され、藤原氏は太政官の官職を独占するようになった。のちに、不比等の息子・武智麿呂《むちまろ》、房前《ふささき》、宇合《うまかい》、麻呂《まろ》は、それぞれ南家、北家、式家、京家を興し、藤原四家を築いた。

およそ**298,000**人

著名人

東北地方一帯を支配した奥州藤原氏。３代秀衡《ひでひら》は源義経を２度救ったが、その義経をかくまった罪を問われ、一族は討たれ、没落した。

TOPICS

全国に分布しているが、密集率は東北地方、中国地方で特に高い。島根県の出雲地方ではかなりの密集率を誇る名字である。

ランキング

人数

1位……兵庫県
2位……大阪府
3位……岡山県

密集度

1位……岡山県
2位……島根県
3位……秋田県

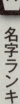

48位

金《か》子《ね》《こ》

お金ではない「金」もしくは「鉄」に由来

砂金や砂鉄が採取できる土地、鍛冶師の祭神「金屋子神《かなやごかみ》」のゆかりの地がルーツとなった名字である。

有名なのは伊予国（愛媛県）の金子城に拠った一族で、新居《にい》郡金子（現在の新居浜市）を発祥の地とする。

土佐藩士となった同族の子孫に、昭和初期に台湾との貿易で発展した商社、鈴木商店の番頭・金子直吉がいる。

およそ297,000人

著名人

金子直吉は土佐藩の商家の生まれ。貧乏で学校に行けず丁稚《でっち》奉公から身を起こしてのぼりつめ、のちに「財界のナポレオン」と称された。

TOPICS

武蔵国入間郡金子村（埼玉県）がルーツの金子氏もあり、現在は特に関東地方、新潟県に集中して多い。

ランキング

人数

1位	東京都
2位	埼玉県
3位	神奈川県

密集度

1位	群馬県
2位	新潟県
3位	埼玉県

49位 三浦《みうら》

神奈川県の三浦市発祥

三浦半島の南端、相模国三浦（神奈川県）を発祥地とする名字。源義明《よしあき》の子・義澄《よしずみ》が、鎌倉幕府の御家人となり相模国守護を世襲した際、地名にちなんで三浦姓を名乗ったのが始まりである。

義澄の一族は、永享《えいきょう》の乱で足利持氏《もちうじ》を自害に追い込み勢力を得たが、戦国末期に北条早雲《ほうじょうそううん》に敗れて没落した。その後は美作国《みまさか》（岡山県）の三浦貞宗が勝山城を築城し、同地を平定。城跡はないが、城下町の街並みはまだ残されている。

\ およそ297,000人 /

著名人

1600年、豊後《ぶんご》（大分県）に漂着した外国船の乗組員で、のちに江戸幕府の外交顧問となったウィリアム・アダムス。彼の日本名は三浦按針《あんじん》だった。

TOPICS

東北地方では人口に対して三浦率が高く、北海道・東北7道県でトップ30入り。西日本では唯一、大分県で18位と多い。

ランキング

人数

1位……宮城県
2位……東京都
3位……北海道

密集度

1位……秋田県
2位……宮城県
3位……青森県

50位

中《なか》野《の》

野原のある全国各地で生まれた姓

野原との位置関係によって生まれた、地形由来の名字。野の真ん中、もしくは山の間の野という意味である。

また、中の庄や中の郷が省略されたケースもあり、発祥地は全国に存在している。

ちなみに、出羽国（山形県）の中野氏は源氏の嫡流で、長門国（山口県）の中野氏は桓武平氏の子孫といわれている。

＼ およそ296,000人 ／

著名人

1542年の小豆坂の戦いで活躍した織田氏の勇士７人を「小豆坂七本槍」といい、その１人に尾張国中野氏の中野一安《かずやす》がいる。

TOPICS

全国に広く分布するが、比較的西日本に多い。30位以内に入っているのは、山口、鹿児島、大阪、石川の4府県である。

ランキング

人数

1位……大阪府
2位……東京都
3位……愛知県

密集度

1位……山口県
2位……徳島県
3位……大阪府

COLUMN 9

コーラ一気飲みのあと、ゲップをせずにいえるか!?

どれだけあるか 東京・山手線の駅名と同じ名字

日本の首都・東京都をぐるりと一周する緑色の電車、山手線。地名にちなんだ名字の多い日本では、この日本一メジャーな路線の駅名と同じ名字はどれだけ存在するのだろう？

山手線の駅数は全部で29ある。そのうち、実際に存在が確認されているのは18種類ある。

まずは多数派から紹介しよう。名字ランキングで上位１００位以内に入る超メジャー級は「大塚」さん（81位）と「上野」さん（87位）だ。知り合いにひとりはいるはずである。

その次のランクに相当するのが「渋谷」さんと「神田」さんで、ポピュラーとはいえないがそれなりに存在するのが「大崎」さん、「目黒」さん、「田端」さん、「品川」さん。

そして前出のものよりは数が少ないが、地域限定で見られるのは「五反田」（鹿児島県）さん、「新橋」（千葉県と茨城県）さん、「駒込」（岩手県と長野県）さん、「池袋」（鹿児島県と宮崎県の県境に集中）さん、「田町」（東北全般に広がる）さんだ。

かなり少数派で、出会えたらラッキーといえるのが「恵比寿」さん、「代々木」さん、「巣鴨」さん。そして「東京」さんと「新宿」さんはさらにその上をいくレア名字となる。ちなみに「東京」は大阪府にわずかに存在する。なんとも粋な事実である。

一方、名字として存在しない駅名は「有楽町」、「浜松町」、「御徒町《おかちまち》」、「新大久保」、「日暮里」、「西日暮里」、「原宿」、「目白」、「高田馬場」、「鶯谷《うぐいすだに》」、「秋葉原」の11駅だった。

第四章

日本人の名字ランキング上位51～130ルーツ・カルテ

上位51～130位までを一挙紹介。
知人友人の名字をチェックして、
由来トークに花を咲かせましょう!

51位 中川《なかがわ》

およそ292,000人

ランキング

人数	1位	大阪府
	2位	東京都
	3位	愛知県
密集度	1位	滋賀県
	2位	石川県
	3位	徳島県

西日本を中心に分布

「中央の川」という地形を表す地名、そこから派生した名字。

発祥地は複数あるが、有名なところでは、摂津国（大阪府）の藩主だった中川清秀の一族がある。清秀は織田信長に、その息子・秀正は秀吉に仕えて三木城に拠った。

52位 原田《はらだ》

およそ292,000人

ランキング

人数	1位	東京都
	2位	愛知県
	3位	福岡県
密集度	1位	山口県
	2位	岡山県
	3位	徳島県

山陽～九州に多い草原由来の名字

原の中にある田、田のある原っぱなど、地形から生まれた姓。発祥地は全国にあるが、山陽地方から九州北部に特に多い。有名なのは筑前国（福岡県）発祥の原田氏で、藤原純友《すみとも》の追捕使《ついぶし》を務めた大蔵氏の子孫といわれている。戦国時代には九州北部を統括する大名となった。

松田《まつだ》 53位

およそ290,000人

ランキング

人数	1位	大阪府
	2位	東京都
	3位	北海道
密集度	1位	山形県
	2位	宮崎県
	3位	奈良県

農民の願いが込められた姓

稲作が盛んだった日本では、「田の神様を待つ（松）」という願いを込めて、水田の近くに松の木を植えた。ここから近くに松のある田という意味で「松田」という地名が生まれ、それが名字に派生した。有名な一族としては、相模国松田（神奈川県）で生まれた松田氏がある。

◇◇◇

竹内《たけうち》 54位

およそ287,000人

ランキング

人数	1位	愛知県
	2位	東京都
	3位	神奈川県
密集度	1位	福井県
	2位	長野県
	3位	愛知県

公家の流れをくむ一族も存在

「竹内」という地名に由来する名字。その地名は当然、植物の「竹」にルーツをもつ。「たけうち」という読み方が多いが、「たけのうち」と読む竹内姓は源氏の末流で公家の流れをくむとされている。発祥地は全国にあるが、山城国久我荘《こがのしょう》（京都府）、越中国入善《にゅうぜん》宿（富山県）が有名。

小野《おの》 55位

およそ282,000人

地名発祥、アカデミックな偉人を多く輩出

ランキング

人数	1位	東京都
	2位	神奈川県
	3位	北海道
密集度	1位	大分県
	2位	岡山県
	3位	宮城県

全国にあった「小野」という地名から生まれた名字。有名なのは近江国滋賀郡小野村（滋賀県）発祥の古代豪族の小野氏。考昭《こうしょう》天皇の子孫である春日氏の一族で、遣隋使の小野妹子をはじめとする外交官を多く生んだ。歌人・小野小町、平安時代の書道家・小野道風《とうふう》もこの一族出身。

◇◇◇◇◇◇◇◇◇◇◇◇◇◇◇◇◇◇◇◇◇◇◇◇◇◇◇◇◇◇◇◇◇◇◇◇

田村《たむら》 56位

およそ281,000人

征夷大将軍・坂上田村麻呂の末裔も！

ランキング

人数	1位	東京都
	2位	埼玉県
	3位	神奈川県
密集度	1位	群馬県
	2位	高知県
	3位	山口県

田のある村を意味する名字で、発祥地は全国に存在。有名なのは陸奥国田村郡（福島県）発祥の田村氏で、奈良時代に蝦夷《えぞ》征伐を行った坂上田《さかのうえのた》村麻呂《むらまろ》の子孫とされる。有力豪族であったが、秀吉に所領を没収されている。武蔵国田村（東京都日野市）、淡路国（兵庫県）発祥の田村氏も著名。

中山《なかやま》 57位

＼およそ270,000人／

ランキング

人数	1位	東京都
	2位	神奈川県
	3位	大阪府
密集度	1位	佐賀県
	2位	高知県
	3位	茨城県

公家を主流にもつ雅な名字

文字通り山の中、もしくは山脈の中央に位置する山という地形に由来する姓。公家の流れをくむ一族が多いのが特徴で、平安時代に朝廷の要職を独占した藤原北家の花山院《かざんいん》流中山氏が主流だ。花山院は、藤原道長《みちなが》の子孫が京都の中山に住んだことから中山姓となった。

◇◇◇

和田《わだ》 58位

＼およそ268,000人／

ランキング

人数	1位	東京都
	2位	大阪府
	3位	神奈川県
密集度	1位	高知県
	2位	島根県
	3位	和歌山県

神奈川県から全国へ発展した名字

「和田」という地名から発生した名字。相模国三浦郡和田（神奈川県三浦市）発祥の一族が有名で、ここから分家した和田家も多い。

同族の祖・和田義盛《よしもり》は鎌倉幕府の御家人であり、由比ヶ浜の合戦で戦死。現在も由比ヶ浜通りには、没地の碑「和田塚」が残されている。

59位 石田《いしだ》

およそ267,000人

ランキング

人数	1位	東京都
	2位	大阪府
	3位	神奈川県
密集度	1位	島根県
	2位	京都府
	3位	山口県

伊勢神宮創設者・垂仁《すいにん》天皇の後裔

「石のようにかたい田」、「石の多い田」という地形に由来する姓。全国各地に発祥地をもつ。『日本書紀』や『古事記』にも登場する歴史の古い名字で、伊勢神宮を創設した垂仁《すいにん》天皇の後裔が祖といわれている。中世、武家としての石田氏が興り、関東一円に広がっていった。

60位 森田《もりた》

およそ261,000人

ランキング

人数	1位	東京都
	2位	埼玉県
	3位	大阪府
密集度	1位	高知県
	2位	奈良県
	3位	鳥取県

のどかな景色に由来する地形・地名姓

森と田、日本古来の風景に由来する名字。森田という地名に由来する一族も多く、発祥地は全国に存在する。下野国《しもつけのくに》（栃木県）発祥の森田氏は、源義経に仕えた弓の名手・那須与一《なすのよいち》の父が祖。伊賀国猪田郷《いだごう》（三重県北部）にも森田氏が存在したが、伊賀の乱で絶えた。

61位 上田《うえだ》

＼およそ249,000人／

ランキング

人数	1位	大阪府
	2位	兵庫県
	3位	東京都
密集度	1位	奈良県
	2位	熊本県
	3位	京都府

長野県&愛知県にルーツあり

川上にある田、高い位置にある田という地形から生まれた地名に由来する名字。

信濃国上田（長野県上田市）発祥の上田氏が有名で、源氏の末流が名乗ったのが始まりとされる。同県の木曾地方、また愛知県にも地名由来の上田氏が存在する。

62位 原《はら》

＼およそ247,000人／

ランキング

人数	1位	東京都
	2位	神奈川県
	3位	福岡県
密集度	1位	島根県
	2位	長野県
	3位	佐賀県

広がる平野に由来した名字

平野を意味する「原」、まずは地名が生まれ、その後名字へと発展。一方、古代では出雲神話の神々を信仰する出雲族のなかに「腹氏」が存在し、そこに「原」があてられた原氏もあるとされている。美濃国原（岐阜県）発祥の原氏は、南北朝時代に同国の守護代であった蜂屋《はちや》定親《さだちか》が祖である。

63位 内田《うちだ》

＼およそ245,000人／

ランキング

人数	1位	東京都
	2位	埼玉県
	3位	神奈川県
密集度	1位	島根県
	2位	埼玉県
	3位	佐賀県

山に囲まれた田、身内の田に由来

山の中の田、もしくは自分や一族がもつ田に由来する名字。発祥地は各地にあるが、古代豪族・物部《もののべ》氏の末裔が祖という説もある。中世に勢力を誇った内田氏の主流は、遠江《とおとうみ》国内田郷（静岡県）発祥で、藤原南家の末流とされている。南北朝時代に活躍した石見《いわみ》国（島根県）の内田氏も同族。

64位 柴田《しばた》

＼およそ244,000人／

ランキング

人数	1位	愛知県
	2位	東京都
	3位	福岡県
密集度	1位	秋田県
	2位	愛知県
	3位	山形県

木々の中にある田がルーツ

山野に生える小さい雑木、そのなかの「田」に由来する柴田姓。発祥地は各地に存在するが、有名なのは陸奥国柴田郡柴田（宮城県）で結城氏が改姓した柴田氏。江戸時代には仙台藩重臣となり、浄瑠璃や歌舞伎の題材にもなった「伊達騒動」に登場する柴田外記《げき》を輩出した。

酒井《さかい》 65位

およそ241,000人

ランキング

人数	1位	東京都
	2位	愛知県
	3位	神奈川県
密集度	1位	福井県
	2位	富山県
	3位	長野県

地名先行の名字、「さかい」のなかで最多

「さかい」という地名にちなんだ姓。同じ由来をもつ名字に「坂井」「境」「阪井」がある。発祥地は各地に存在するが、有名なのは古代豪族・勝氏が、宇佐郡酒井郷（大分県）の地名にちなんで改姓した一族。譜代大名として徳川家に仕えた、三河国酒井（愛知県）発祥の酒井氏も著名。

宮崎《みやざき》 66位

およそ239,000人

ランキング

人数	1位	東京都
	2位	福岡県
	3位	大阪府
密集度	1位	佐賀県
	2位	長崎県
	3位	熊本県

山や丘にある神社領をルーツとする名字

神社の近く＝「宮」で、山や丘など突き出した土地＝「崎」を表す地名から生まれた名字。

発祥地は全国にまんべんなくあるが、なかでも有名なのは、紀伊国有田郡宮崎（和歌山県）、信濃国（長野県）。木曾義仲を祖とする一族が陸奥国加美郡宮崎に移り住み、改姓した宮崎氏もある。

67位 横山《よこやま》

およそ238,000人

ランキング

人数	1位	東京都
	2位	神奈川県
	3位	北海道
密集度	1位	宮崎県
	2位	高知県
	3位	山形県

文字通り山の横にある土地に由来

横に山がある地形、山際の村々、そこに住む人々に由来する名字。著名な一族として、平安から室町にかけ、関東一円で興った同族武士集団「武蔵七党」の一派であった横山氏がある。もともとは小野氏で、武蔵国多摩郡横山荘（東京都）を本拠地とした際に改姓した。

68位 高木《たかぎ》

およそ234,000人

ランキング

人数	1位	東京都
	2位	愛知県
	3位	千葉県
密集度	1位	岐阜県
	2位	香川県
	3位	熊本県

神の木、高地に建てられた城に由来

神が宿る御神木、もしくは高地に立てられた城塞（高城）に由来する地名から発生した名字。発祥地は各地にあるが、有名なのは、江戸時代に美濃国（岐阜県）で旗本を務め、関ヶ原の戦いで功績をあげた高木氏。同一族はその後、西高木、東高木家に分かれて幕末まで存在した。

安藤《あんどう》 69位

＼およそ232,000人／

ランキング

人数	1位	愛知県
	2位	東京都
	3位	神奈川県
密集度	1位	岐阜県
	2位	香川県
	3位	愛知県

安芸に住んだ藤原氏の子孫

安芸《あき》国（広島県）の藤原氏の末裔である安藤姓。安倍氏の一族が藤原姓を賜り、安倍と藤原を組み合わせて名乗ったという説もある。

三河国（愛知県）には、代々徳川家に仕えた安藤氏があり、直系は紀伊藩（和歌山県）の附家老《つけがろう》となった。

◇◇◇

宮本《みやもと》 70位

＼およそ230,000人／

ランキング

人数	1位	大阪府
	2位	東京都
	3位	兵庫県
密集度	1位	和歌山県
	2位	熊本県
	3位	徳島県

西日本中心の15か所で発祥

神社のある土地＝「宮」のたもとの土地、そこに住む人々に由来する名字。

発祥地は多く、西日本を中心に長野県や岡山県など15か所が確認されている。有名な一族に、小倉《こくら》藩（福岡県）で家老を務めた宮本氏があり、剣豪・宮本武蔵の子孫。

71位 大野《おおの》

＼およそ222,000人／

ランキング

人数	1位	東京都
	2位	埼玉県
	3位	愛知県
密集度	1位	愛媛県
	2位	岐阜県
	3位	高知県

壮大な野原にまつわる名字

ゆったりと広がった野原に由来する名字。発祥地は全国に存在する。

有名なところでは、山城国大野郷（京都府）の古代豪族が地名にちなんだ大野氏がある。壬申《じんしん》の乱で功績をあげた、大野果安《おおののはたやす》もこの一族で、息子の東人《あずまびと》は天皇の側近の地位に就いた。

◇◇◇

72位 小島《こじま》

＼およそ217,000人／

ランキング

人数	1位	愛知県
	2位	東京都
	3位	神奈川県
密集度	1位	愛知県
	2位	埼玉県
	3位	岐阜県

小さな島国の小さな島に由来

小さな島、という地形に由来する名字。発祥地は多く存在するが、源氏の末裔である浦野重遠《うらのしげとお》の孫・重平《しげひら》が尾張小島郷（愛知県）に住んだ際に改姓した小島氏が有名。

足利幕府の時代には要職につき、のちに織田信長、徳川家康に仕えた一族が多いのが特徴だ。

工藤《くどう》 73位

＼およそ216,000人／

ランキング

人数	1位	青森県
	2位	北海道
	3位	東京都
密集度	1位	青森県
	2位	秋田県
	3位	大分県

木工助に就いた藤原氏の末裔

藤原南家武智麿《むちまろ》の後裔・藤原為憲《ためのり》を祖とする名字。家屋や器を作成する「木工助《もくのすけ》」という職位についた藤原氏、がその由来だ。

為憲の子孫が伊豆国狩野（静岡県）に移り住み、地名にちなんで改姓、狩野氏の祖となったが、その曾孫の代に再び工藤姓に戻している。

◇◇

谷口《たにぐち》 74位

＼およそ216,000人／

ランキング

人数	1位	大阪府
	2位	兵庫県
	3位	京都府
密集度	1位	鳥取県
	2位	和歌山県
	3位	宮崎県

谷がつく名字の代表格

谷の入口にある村、集落という地形に由来した名字で、「谷」がつく名字のなかでは一番の数を誇る。発祥地は各地に存在する。

佐賀県の重要無形文化財に指定されている「名尾和紙」は、谷口氏の和紙工房により300年以上の歴史を守っている。

今井《いまい》 75位

およそ214,000人

ランキング

人数	1位	東京都
	2位	神奈川県
	3位	埼玉県
密集度	1位	岐阜県
	2位	新潟県
	3位	群馬県

新たに生まれた水を得る地・集落に由来

新しく誕生した場所＝「今」と、水をくむ場所＝「井」という意味をもつ名字。水を得る場所とは人々が集まる場所であり、集落を表すとされる。

発祥地は甲斐国山梨郡今井（山梨県甲府市）で、武田信光が祖。「新井」もルーツは同義である。

◇◇◇◇◇◇◇◇◇◇◇◇◇◇◇◇◇◇◇◇◇◇◇◇◇◇◇◇◇◇◇◇◇◇◇◇◇◇◇

高田《たかだ》 76位

およそ211,000人

ランキング

人数	1位	東京都
	2位	大阪府
	3位	兵庫県
密集度	1位	富山県
	2位	石川県
	3位	兵庫県

高台にある田を表す地名発祥

高いところにある田という地形、日本の稲作文化から生まれた名字。発祥地は各地にあるが、古くは大和国（奈良県）に聖徳太子の父・用明《ようめい》天皇の子孫とされる高田氏があった。この一族は室町時代に当麻高田氏と布施高田氏に分裂した。源氏の流れをくむ高田氏もあり、全国に散っている。

増田《ますだ》 77位

およそ209,000人

ランキング

人数	1位	静岡県
	2位	東京都
	3位	埼玉県
密集度	1位	静岡県
	2位	奈良県
	3位	香川県

きちんと整った四角い田に由来

まるで枡《ます》のような、きれいな四角形をした田を表す地名から生まれた名字。枡に「増」「益」などの漢字があてられ、「増田」「益田」などの姓が誕生したため、ルーツはいずれも同義。

有名な一族としては、石見国《いわみ》（島根県）発祥で藤原北家の後裔である増田氏がある。

◇◇◇

丸山《まるやま》 78位

およそ209,000人

ランキング

人数	1位	東京都
	2位	長野県
	3位	新潟県
密集度	1位	長野県
	2位	新潟県
	3位	山梨県

小さな丸い山を意味する地形由来の姓

まん丸に盛り上がった小さい山に由来。自然の山だけでなく、古墳や塚なども含まれる。発祥地は信濃国（長野県）で、そこから全国に広がった。長野県生坂《いくさか》村には、室町時代から続く丸山氏があり、政治学者の丸山真男、評論家の丸山邦男らを輩出している。

79位 杉山《すぎやま》

およそ208,000人

ランキング

人数	1位	静岡県
	2位	神奈川県
	3位	東京都
密集度	1位	静岡県
	2位	岐阜県
	3位	神奈川県

杉が多い場所、またその周辺の地名に由来

杉の木のある場所を表す地名、そこから派生したものとして、杉のつく名字は多数あるが、人数ランキングナンバーワンが杉山姓である。

全国に発祥地があるが、伊豆国杉山（静岡県）発祥の杉山氏は藤原氏の子孫、青森県の杉山氏は石田三成の孫が移り住んで名乗った杉山氏だ。

80位 村田《むらた》

およそ207,000人

ランキング

人数	1位	東京都
	2位	大阪府
	3位	神奈川県
密集度	1位	山口県
	2位	三重県
	3位	滋賀県

稲作中心の村、地名に由来

日本全国の「村田」という地名に由来する名字。田の多い村――という地形の特性を表す名字でもある。発祥地は複数あるが、下総《しもうさ》国香取郡村田（千葉県）発祥の村田氏は、平氏の末裔・国分《こくぶ》有《あり》通《みち》が祖である。陸奥国柴田郡村田（宮城県）発祥の村田氏は、藤原北家の末流。

大塚《おおつか》 81位

およそ206,000人

ランキング

人数	1位	東京都
	2位	埼玉県
	3位	千葉県
密集度	1位	栃木県
	2位	群馬県
	3位	大分県

古墳、墓、丘――などがルーツ

土が盛り上がった小高い丘という意味をもつ姓。古墳や通常の墓もルーツに含まれる。「塚」を使った名字のなかでは最多人数を誇る。

発祥地はさまざまだが、常陸国（茨城県）の大塚氏は、藤原氏の流れをくむといわれている有名な一族だ。

◇◇

新井《あらい》 82位

およそ204,000人

ランキング

人数	1位	埼玉県
	2位	東京都
	3位	群馬県
密集度	1位	群馬県
	2位	埼玉県
	3位	栃木県

新田開発担当としての由来も

関東地方北部特有の名字で、埼玉県北部から群馬県東部、栃木県西部に多い。清和源氏の子孫である新井白石《はくせき》が有名。

新田開発の指導者が、事業にちなんで名乗ったという記録も残っている。「あらい」のほかに「にい」と読む地域もある。

83位 藤本《ふじもと》

＼およそ204,000人／

ランキング

人数	1位	兵庫県
	2位	大阪府
	3位	東京都
密集度	1位	山口県
	2位	徳島県
	3位	兵庫県

植物のフジ（藤）に由来する名字

日本全国に自生する植物「フジ（藤）」に由来する名字。

「藤井」「藤沢」など上に「藤」がつく名字は同じ由来を持ち、「佐藤」「伊藤」「加藤」「工藤」など下に「藤」がつく名字は、平安時代に繁栄を極めた藤原氏を由来としている。

◇◇

84位 小山《こ(お)やま》

＼およそ204,000人／

ランキング

人数	1位	東京都
	2位	神奈川県
	3位	埼玉県
密集度	1位	長野県
	2位	宮城県
	3位	岩手県

ルーツは小さい山とお山

小さい山、信仰的な意味の御山という2種のルーツ、さらに「おやま」「こやま」の2種の読み方をもつ姓。地形にちなんだ名字であるため、発祥地は全国に存在する。

有名な一族には、鎌倉時代の有力守護で、藤原秀郷《ひでさと》の末裔といわれる小山《おやま》氏がある。

平野《ひらの》 85位

およそ204,000人

ランキング

人数	1位	東京都
	2位	千葉県
	3位	愛知県
密集度	1位	千葉県
	2位	静岡県
	3位	長崎県

千葉県を代表する名字

平らな野原という地形を表す姓。発祥地は各地にあるが、なかでも尾張国（愛知県）の奴野《ぬのや》城で豊臣秀吉に仕えた平野氏は有名。江戸時代は旗本、明治時代には男爵へと昇進した。

現在でも全国に存在するが、特に千葉県内房地区に集中している。

◇◇◇◇◇◇◇◇◇◇◇◇◇◇◇◇◇◇◇◇◇◇◇◇◇◇◇◇◇◇◇◇◇◇◇◇◇◇◇

河野《こう（かわ）の》 86位

およそ201,000人

ランキング

人数	1位	東京都
	2位	大分県
	3位	宮崎県
密集度	1位	大分県
	2位	宮崎県
	3位	愛媛県

河と原野を擁する土地に由来

河（川）の近くの原野を表す地名、そこから名字へと発展した河野姓。

発祥地は全国に存在するが、文武《もんむ》天皇の時代の伊予大領・越智《おち》玉興《たまこし》、その弟の玉澄《たますみ》が伊予国河野（愛媛県松山市）に移り住んだのが始まり。

上野《うえの》 87位

およそ201,000人

ランキング

人数	1位	東京都
	2位	大阪府
	3位	福岡県
密集度	1位	栃木県
	2位	鹿児島県
	3位	熊本県

見晴らしのいい野原から生まれた姓

諸説あるが、野原を見下ろす地、高台にある野原を表す「上野」という地名に由来すると考えられている名字。愛知県を発祥の地とする上野姓は、室町幕府の中枢を担う奉公衆に就いた上野氏の末裔。ちなみに、日本一有名な銅像「ハチ公像」が待っている飼い主の名前も上野氏である。

武田《たけだ》 88位

およそ200,000人

ランキング

人数	1位	東京都
	2位	北海道
	3位	大阪府
密集度	1位	山形県
	2位	秋田県
	3位	愛媛県

武田信玄にあやかる地名姓

竹林のそばの田を表す地形姓など、ルーツにはいろいろな説があるが、有力なのは地名から派生したというもの。

甲斐国（山梨県）の武将、かの武田信玄にあやかった一族が多く、千葉県、福井県、鳥取県、広島県に広がった武田氏はすべて同族である。

野口《のぐち》 89位

＼およそ199,000人／

ランキング

人数	1位	東京都
	2位	埼玉県
	3位	千葉県
密集度	1位	佐賀県
	2位	茨城県
	3位	埼玉県

野の入口、を表す地名由来

野の入口、山から平地に出る場所＝野口を表す地名から誕生。発祥の地は各地に存在する。なかでも、源氏の流れをくむ茨城県御前山村（現在の東茨城郡）の野口氏と、藤原氏の流れをくむ栃木県日光市の野口氏の双方が有名。現在では埼玉県に多く存在、密集率では佐賀県が1位となっている。

松井《まつい》 90位

＼およそ195,000人／

ランキング

人数	1位	大阪府
	2位	愛知県
	3位	東京都
密集度	1位	富山県
	2位	滋賀県
	3位	奈良県

群馬発祥の地名姓

「松井」という地名にちなんだ姓。発祥地は複数あるが、源氏の末裔が上野国《こうずけのくに》松井田（群馬県）に移り住んだ際、自らを「松井冠者《かんじゃ》」と称したのが始まりともいわれている。百済《くだら》から渡来した古代豪族にも松井氏がある。現在は富山県、滋賀県で人口に対する密集率が高い。

千葉《ちば》 91位

＼およそ194,000人／

ランキング

人数	1位	宮城県
	2位	岩手県
	3位	北海道
密集度	1位	岩手県
	2位	宮城県
	3位	青森県

千葉から全国へ広まった姓

平安末期に千葉の房総半島を拠点に栄えた大富豪が千葉氏である。桓武《かんむ》天皇の子孫である桓武平氏の末裔だ。源平合戦では源頼朝に協力し功績をあげ、東北から九州までの幅広い領地を与えられた。現在では関東全域に分布するが、件数が一番多いのは宮城県になっている。

◇◇◇◇◇◇◇◇◇◇◇◇◇◇◇◇◇◇◇◇◇◇◇◇◇◇◇◇◇◇◇◇◇◇◇◇◇◇◇

菅原《すがわら》 92位

＼およそ193,000人／

ランキング

人数	1位	宮城県
	2位	北海道
	3位	岩手県
密集度	1位	岩手県
	2位	宮城県
	3位	秋田県

学問に強い人材が豊富な姓

植物の菅（スゲ）の野原を表す地名から生まれた名字で、古代の豪族・土師古人《はじのふるひと》が、大和国菅原（奈良県）で、その地名にちなんで名乗ったのが始まり。学問に通ずる人材が多く出ているのが菅原氏の特徴で、9世紀に博士となった菅原清公《きみきよ》、学問の神としてまつられる菅原道真《みちざね》なども同族。

岩崎《いわさき》 93位

およそ192,000人

ランキング

人数	1位	東京都
	2位	神奈川県
	3位	埼玉県
密集度	1位	熊本県
	2位	群馬県
	3位	静岡県

山梨県発祥の地名姓

「岩崎」という地名にちなんだ名字。源氏の末裔が甲斐国岩崎（山梨県）で名乗ったのが始まりとされる。著名人には、三菱財閥の創始者・岩崎弥太郎がいる。父は土佐藩士で、40年以上郷士職についたのち郷士株を手放した「地下浪人」。弥太郎はそこから立身して三菱商会を立ち上げた。

◇◇

久保《くぼ》 94位

およそ188,000人

ランキング

人数	1位	大阪府
	2位	東京都
	3位	福岡県
密集度	1位	香川県
	2位	和歌山県
	3位	鹿児島県

凹んだ土地＝窪地がルーツの姓

窪んだ土地を表した地名「窪」に、久保の字をあてできた地名姓。

発祥地はいくつかあるが、そのなかでも平氏の末裔で土佐国久保（高知県）発祥の久保氏が有名。渡来人の子孫や、宮中で雅楽を演奏する楽家《がくけ》にも久保家がある。

木下《きのした》 95位

＼およそ188,000人／

ランキング

人数	1位	大阪府
	2位	東京都
	3位	福岡県
密集度	1位	福井県
	2位	和歌山県
	3位	長野県

平氏の末裔である地名姓

木のたもとという地形から生まれた地名が、名字へと発展した木下姓。発祥地は全国にある。有名なのは、豊臣秀吉の妻で賢夫人といわれたねねの実家。もとは平氏の流れをもつ杉原姓であったが、兄が秀吉に仕え、木下と改姓。秀吉本人も幼名として木下藤吉郎《とうきちろう》と称していた。

◇◇

佐野《さの》 96位

＼およそ186,000人／

ランキング

人数	1位	静岡県
	2位	東京都
	3位	神奈川県
密集度	1位	山梨県
	2位	静岡県
	3位	徳島県

佐野に住む藤原氏が称した名字

藤原秀郷《ひでさと》の子孫が、下野国《しもつけのくに》佐野（栃木県）で地名にちなんで佐野氏に改姓した一族が有名。佐野城に拠り、勢力を誇ったが、江戸時代初期に断絶している。滋賀県、大分県でも佐野という地名があり、そこ発祥の佐野氏が存在する。静岡、山梨の2県でとびぬけて多い。

野村《のむら》 97位

＼およそ186,000人／

ランキング

人数	1位	東京都
	2位	愛知県
	3位	大阪府
密集度	1位	高知県
	2位	山口県
	3位	岐阜県

野にある村を表すのどかな姓

野にある村を表す、地名から生まれた名字。全国に発祥地をもつ。なかでも、武将・佐々木盛季《もりすえ》が祖となった近江国野村（滋賀県）の野村氏が有名だ。

また、戦国時代に毛利氏に仕え、その後長州藩士となった野村氏は、明治時代に子爵へと出世した。

◇◇◇◇◇◇◇◇◇◇◇◇◇◇◇◇◇◇◇◇◇◇◇◇◇◇◇◇◇◇

松尾《まつお》 98位

＼およそ184,000人／

ランキング

人数	1位	福岡県
	2位	長崎県
	3位	大阪府
密集度	1位	佐賀県
	2位	長崎県
	3位	福岡県

「山の裾の松の木」に由来する姓

神木「松」が生えている、山の裾が延びた土地＝「尾」を意味する地名姓。源氏の流れをくむ武将・武田信賢《のぶかた》が、甲斐国松尾（山梨県）に移り、松尾氏を名乗ったのが始まりとされる。俳人の松尾芭蕉は、伊賀国（三重県）の出身で、もともとは伊賀上野藤堂家に仕えた料理人の一族であった。

99位 菊地《きくち》

＼およそ183,000人／

ランキング

人数	1位	東京都
	2位	北海道
	3位位	宮城県
密集度	1位	宮城県
	2位	岩手県
	3位	秋田県

菊地氏が改姓して誕生

藤原北家の末裔が、肥後国菊池郡（熊本県）にて名乗ったのが始まり。

その後、室町時代に岩手へと下った菊池氏の支流が、「菊地」に改姓。以降、奥州では「池」ではなく「地」のほうの菊地が主流となった。現在は北海道に多く見られる。

◇◇◇

100位 杉本《すぎもと》

＼およそ182,000人／

ランキング

人数	1位	大阪府
	2位	東京都
	3位	静岡県
密集度	1位	静岡県
	2位	奈良県
	3位	滋賀県

神奈川で生まれた地名由来の姓

相模国鎌倉郡杉本（神奈川県）の地名に由来をもつ。平氏方の三浦氏が地名にちなんで名乗ったのが始まりとされている。その後、子孫が遠江《とおとうみ》国（静岡県）に移り住んだため、現在でも人口に対する比率（密集度）では、静岡県が第1位となる。

市川《いちかわ》 101位

およそ182,000人

ランキング

人数	1位	東京都
	2位	神奈川県
	3位	愛知県
密集度	1位	長野県
	2位	山梨県
	3位	静岡県

山梨で生まれ長野で繁栄

甲斐国八代郡市川（山梨県）が発祥の地。一族の子孫がのちに信濃（長野県）に移り住んだため、現在も長野県や周辺の山梨県、静岡県などに多く見られる名字である。

人口との比率で見ると、市川姓の密集率は長野県が第1位である。

古川《ふるかわ》 102位

およそ178,000人

ランキング

人数	1位	東京都
	2位	大阪府
	3位	千葉県
密集度	1位	佐賀県
	2位	青森県
	3位	福島県

全国各地の地名がルーツ

現在の宮城県、山形県、新潟県、岐阜県、滋賀県、徳島県など、全国各地の「古川」という地名をルーツとする。

青森県では「ふるかわ」でなく「こがわ」と読むことが多い。

103位 大西《おおにし》

＼およそ177,000人／

ランキング

人数	1位	兵庫県
	2位	大阪府
	3位	香川県
密集度	1位	香川県
	2位	愛媛県
	3位	徳島県

四国発のご当地名字

四国は三好郡大西（徳島県池田町）に発祥地が限定される珍しい名字。戦国時代に武将・大西頼《より》武《たけ》が勢力を伸ばしたことで、四国全域に大西姓が広まった。現在は西日本全域に分布するが、人口に対する比率では四国がダントツで高い。香川県では最多姓を誇り、密集度でも香川県が第1位。

104位 島田《しまだ》

＼およそ176,000人／

ランキング

人数	1位	東京都
	2位	埼玉県
	3位	大阪府
密集度	1位	富山県
	2位	埼玉県
	3位	福井県

清和源氏の末裔も含む地名姓

全国の「島田」という地名から発生した名字で、現在は関東から北陸にかけて多く見られる。島田は広い耕地から離れた特定の田という意味。

尾張国海部郡島田郷（愛知県）発祥の古代豪族の島田氏、清和源氏と土岐氏支流の駿河島田氏が有名である。

水野《みずの》 105位

およそ175,000人

ランキング

人数	1位	愛知県
	2位	岐阜県
	3位	東京都
密集度	1位	愛知県
	2位	岐阜県
	3位	静岡県

同族には家康の母も!

尾張国春日井郡山田壮水野(愛知県)の地名由来の名字である。清和源氏である源満政《みつまさ》の子孫であるとされている。

戦国時代、この一族の出である忠政《ただまさ》の娘・於大《おだい》が松平氏に嫁ぎ、徳川家康を生んだ。

現在では東海地方に多い。

桜井《さくらい》 106位

およそ174,000人

ランキング

人数	1位	東京都
	2位	神奈川県
	3位	埼玉県
密集度	1位	群馬県
	2位	宮城県
	3位	茨城県

桜の咲く土地で誕生

「桜井」という地名から発祥した名字で、各地に発祥の地が確認されている。大阪府東大阪市や奈良県桜井市発祥の桜井氏は、古代豪族の末裔であるとの記録が残る。

最近では、北関東から東北南部、新潟県にかけて広く分布している。

渡部《わたなべ(べ)》 107位

＼およそ173,000人／

ランキング

人数	1位	福島県
	2位	東京都
	3位	神奈川県
密集度	1位	福島県
	2位	愛媛県
	3位	島根県

愛媛県は渡部の街？

ルーツは同じ読みの「渡辺」と同様。「渡辺」より全体の数は少ないものの、東北地方と愛媛県、島根県では勢力が逆転する。特に、愛媛県では旧北条市や温泉郡（現在は松山市）で最多の姓となっている。また、新潟県では「わたべ」と読まれることも多い。

◇◇

高野《たかの》 108位

＼およそ173,000人／

ランキング

人数	1位	東京都
	2位	埼玉県
	3位	神奈川県
密集度	1位	新潟県
	2位	茨城県
	3位	福島県

高い野原のある各地で誕生

「高野」という地名から生まれた姓で、関東から北陸にかけて多く分布している。高野姓の密集度では、新潟県が特に高い。

百済系渡来人の高野氏は、大和国添下《そえじも》郡高野（奈良県）発祥。藤原北家の支流の公家にも、高野氏がある。

109位 吉川《よし(きつ)かわ》

およそ171,000人

ランキング

人数	1位	東京都
	2位	大阪府
	3位	神奈川県
密集度	1位	奈良県
	2位	滋賀県
	3位	福井県

発祥は大阪、その後奈良に広がる

「吉川」という地名から発生した名字で、奈良県での密集度が高い。大和高田市や北葛城郡新庄町では最多姓となっている。

摂津の吉川氏は能勢郡吉川（大阪府）発祥で、室町時代は武将として勢力を伸ばし、吉川城に拠った。

◇◇◇

110位 山内《やまうち》

およそ165,000人

ランキング

人数	1位	愛知県
	2位	大阪府
	2位	東京都
密集度	1位	愛媛県
	2位	沖縄県
	3位	青森県

山間を表す地形に由来

「山の中、内側」という地形から生まれた名字で、山の多い日本において、発祥地は多く確認されている。

相模国鎌倉郡山内壮（神奈川県）発祥で、藤原北家・秀郷の流れである山内氏、土佐（高知県）藩主の山内氏が有名。

西田《にしだ》 111位

およそ163,000人

ランキング

人数	1位	大阪府
	2位	兵庫県
	3位	福岡県
密集度	1位	石川県
	2位	奈良県
	3位	京都府

西日本を中心に分布する方位姓

「西にある田」を表す方位姓で、発祥の地は各地に見られる。

現在では、特に富山県から関西にかけての西田姓の密集度が高い。越中国新川郡（富山県）の西田氏は、江戸時代に同地の若栗村に拠点をおく豪農として有名であった。

◇◇◇

菊池《きくち》 112位

およそ162,000人

ランキング

人数	1位	岩手県
	2位	東京都
	3位	茨城県
密集度	1位	岩手県
	2位	茨城県
	3位	愛媛県

藤原政則を祖とする名字

肥後国菊池郡（熊本県）で、武士が地名にちなんで名乗ったのが始まりとされている。藤原氏の大宰府官・藤原政則《まさのり》の末裔とされる。その子孫が全国に散らばり、広まっていった。

東日本では岩手県と茨城県、西日本では愛媛県南部に多く見られる。

飯田《いいだ》 113位

＼およそ162,000人／

ランキング

人数	1位	東京都
	2位	神奈川県
	3位	千葉県
密集度	1位	茨城県
	2位	千葉県
	3位	静岡県

関東東部に多く見られる地名姓

「飯田」という地名から発生した名字。有名なのは信濃国伊那郡飯田郷（長野県飯田市）発祥の飯田氏で、清和源氏の源満快が祖とされている。

関東東部、千葉県から茨城県南部にかけての密集率が高い。

◇◇

小松《こまつ》 114位

＼およそ161,000人／

ランキング

人数	1位	東京都
	2位	神奈川県
	3位	長野県
密集度	1位	高知県
	2位	秋田県
	3位	長野県

屋島の合戦後、高知で誕生

平清盛《きよもり》の長男・重盛《しげもり》の子孫といわれている姓。屋島の合戦のあと、重盛の子が土佐国安芸郡（高知県）に逃れて、そこで名乗ったのが始まりとされている。現在でも安芸市の人口の6分の1が小松姓であり、もちろん人口に対する「小松」率の高さは、高知県が全国でナンバーワンである。

115位 西川《にしかわ》

およそ161,000人

ランキング

人数	1位	大阪府
	2位	兵庫県
	3位	東京都
密集度	1位	滋賀県
	2位	奈良県
	3位	和歌山県

川が西にある、川の西側に由来

土地の位置を示す方位姓で、日本各地で発生した名字。

近江国蒲生郡鏡山村西川（滋賀県）で発祥した西川氏は、子孫である西川兵庫が豊臣秀吉に仕えたことで知られている。また、薩摩（鹿児島県）の西川氏は、出水郡西川の発祥とされている。

116位 北村《きたむら》

およそ159,000人

ランキング

人数	1位	大阪府
	2位	神奈川県
	3位	東京都
密集度	1位	滋賀県
	2位	石川県
	3位	三重県

由来がシンプルな方位姓

北の村、という意味で、外から見た土地の位置を示す方位姓として誕生。発祥地は日本各地で見られる。現在では、滋賀県や石川県南部、三重県南部で密集度が高い。

近江の北村氏は野洲郡北村（滋賀県）の発祥で、清和源氏の末裔といわれている。

安田《やすだ》 117位

＼およそ158,000人／

ランキング

人数	1位	大阪府
	2位	東京都
	3位	神奈川県
密集度	1位	岐阜県
	2位	鳥取県
	3位	石川県

地名発祥、清和源氏の末裔も

各地の「安田」という地名から生まれた名字。発祥地は日本各地にあるが、有名なのは、山梨郡安田（山梨県）発祥の安田氏。清和源氏の末裔といわれている。また、越後（新潟県）発祥の安田氏には、毛利氏と桓武平氏の子孫にあたる、ふたつの流れがある。現在、岐阜県と大阪府に多い。

◇◇

五十嵐《いがらし》 118位

＼およそ157,000人／

ランキング

人数	1位	東京都
	2位	新潟県
	3位	神奈川県
密集度	1位	山形県
	2位	新潟県
	3位	福島県

新潟県のご当地名字

越後国沼垂《ぬったり》五十嵐（新潟県）を発祥の地とする名字。同地には、信濃川の支流の五十嵐川が流れている。五十嵐姓は、垂仁《すいにん》天皇の皇子・五十日足彦命《いかたらしひこのみこと》の子孫にあたり、かつては蒲原郡の郡司を務めた。その後全国に広がっていったが、現在でも新潟県に多い名字である。

119位 川口《かわぐち》

＼およそ156,000人／

ランキング

人数	1位	大阪府
	2位	神奈川県
	3位	愛知県
密集度	1位	長崎県
	2位	和歌山県
	3位	静岡県

川の流れの出入り口に由来

川の支流が本流に流れこむ場所を表す地形姓。発祥地は各地に存在し、武蔵国多摩郡川口（東京都）の地名発祥のもの、源氏、平氏それぞれの支流のものなど、ルーツもさまざま。当然ながら大きな河川のある地域に多い。

120位 平田《ひらた》

＼およそ155,000人／

ランキング

人数	1位	福岡県
	2位	大阪府
	3位	東京都
密集度	1位	福岡県
	2位	広島県
	3位	長崎県

東北以外に分布する地名由来の姓

「平田」という地名から生まれた名字で、東北地方以外に広く分布する。特に山陰地方から九州・福岡県までのエリアに多い。

有名なのは、桓武平氏の平良文の支流である、伊賀国山田郡平田郷（三重県）発祥の平田氏。石見《いわみ》（島根県）にも存在する。

関《せき》 121位

＼およそ154,000人／

ランキング

人数	1位	東京都
	2位	神奈川県
	3位	千葉県
密集度	1位	茨城県
	2位	長野県
	3位	新潟県

交通の要所にちなんだ名字

全国各地にあった関所、交通の要所に設置された徴税や検問を行う施設から発生した名字。当然、全国に発祥の地があるが、伊勢国鈴鹿郡関（三重県亀山市）発祥の関氏は桓武平氏の流れとされている。

現在は茨城県、長野県、千葉県に多い。

中田《なかた》 122位

＼およそ154,000人／

ランキング

人数	1位	大阪府
	2位	東京都
	3位	兵庫県
密集度	1位	石川県
	2位	富山県
	3位	和歌山県

田中とは微妙に由来が異なる

中央にある田を意味する方位姓で、日本各地に発祥地がある。

有名なのは、江戸時代に越中富山で薬の豪商であった中田氏。陸奥で勢力を誇った中田氏も著名だが、こちらは江刺郡中田（岩手県）発祥。

現在では、石川県、富山県での密集率が高い。

久保田《くぼた》 123位

およそ153,000人

ランキング

人数	1位	東京都
	2位	埼玉県
	2位	神奈川県
密集度	1位	長野県
	2位	群馬県
	3位	静岡県

窪んだ土地にある田んぼ生まれの姓

周囲より低くなっている土地、窪んだ場所にある田に由来する地形姓。

全国に発祥地を持つが、現在では長野県、静岡県に多い。但馬国豊岡（兵庫県）発祥の久保田氏が有名で、豊岡藩士出身の文相・久保田譲《ゆずる》を輩出。彼は明治40年に男爵を授けられた。

東《あずま・ひがし》 124位

およそ152,000人

ランキング

人数	1位	大阪府
	2位	鹿児島県
	3位	東京都
密集度	1位	鹿児島県
	2位	石川県
	3位	和歌山県

「東の国」の意の「あずま」読みは東日本に多い

土地の位置をしめす方位姓で、発祥地は日本各地に見られる。鹿児島の東氏は、足利尊氏《たかうじ》に仕えた薩摩伊集院領主伊集院忠国《ただくに》の子・久春《ひさはる》が祖。「ひがし」読みは鹿児島県から熊本県南部、三重県南部、「あずま」読みは東日本に多い。

服部《はっとり》 125位

およそ151,000人

ランキング

人数	1位	愛知県
	2位	東京都
	3位	三重県
密集度	1位	三重県
	2位	愛知県
	3位	岐阜県

古代の「はたおりべ」がルーツ

語源としては衣類を折る職業姓「服織《はとり》」「機織《はたおり》」に由来する。地名にも存在し、現在も愛知県、岐阜県、三重県に多く見られる。

服部伴造の子孫が主流であり、源・平・藤・橘などの流派もあり。著名な氏は現京都府の山城国、現奈良県の大和国、現大阪府などに見られる。

◇◇◇

岩田《いわた》 126位

およそ150,000人

ランキング

人数	1位	愛知県
	2位	東京都
	3位	神奈川県
密集度	1位	岐阜県
	2位	島根県
	3位	愛知県

地形から名づけられた名字のひとつ

現東京都、埼玉県、神奈川県北部である武蔵国秩父郡岩田村が起源である。

ほかに、現山形県の羽前《うぜん》国村山郡の名族、大江氏（古墳造営などを職とする土師《はじ》の族、野見宿禰《のみのすくね》の子孫）や、熊野別当家などの流派がみられる。石の多い田、固い地盤の田が語源である。

川崎《かわさき》 127位

\ およそ150,000人 /

ランキング

人数	1位	大阪府
	2位	東京都
	3位	神奈川県
密集度	1位	佐賀県
	2位	宮崎県
	3位	茨城県

川近くの地形に由来する名字

川のそばにある丘や小山などの盛り上がった土地＝「崎」、川と川に挟まれた土地など川の近くの地形に由来する名字。

有名なのは、伊東氏に仕え日向紫波洲崎城《ひゅうがしはすざき》（宮崎県）主となった川崎氏。常陸国那珂郡（茨城県）発祥の川崎氏も著名。

土屋《つちや》 128位

\ およそ150,000人 /

ランキング

人数	1位	東京都
	2位	静岡県
	3位	神奈川県
密集度	1位	静岡県
	2位	長野県
	3位	山梨県

さまざまな流派をもつ武家の一族

土屋氏は武家のひとつであり、現神奈川県の相模国大住郡土屋村、桓武天皇の子孫で平の姓を賜った家系である桓武平氏を祖とする。

江戸時代の大名家の土屋家は、清和天皇の子孫で源姓を賜った清和源氏。ほかに小笠原氏族、安倍氏族佐々木氏流、名和氏族などの流派がある。

福島《ふくしま》 129位

およそ149,000人

ランキング

人数	1位	埼玉県
	2位	東京都
	3位	神奈川県
密集度	1位	埼玉県
	2位	熊本県
	3位	島根県

土地を祝福してつけられた名字

現大阪府北部と兵庫県の一部である摂津国西成郡福島が起源である。福島県、長野県、群馬県、大分県、鹿児島県など発祥地は各地にあるが、現在ではとくに埼玉県、熊本県に多く見られる。

語源は島状の土地に土地を祝する意味で「福」をつけたものと考えられる。

◇◇◇

本田《ほんだ》 130位

およそ149,000人

ランキング

人数	1位	熊本県
	1位	東京都
	3位	神奈川県
密集度	1位	熊本県
	2位	福島県
	3位	長崎県

歴史ある田にルーツをもつ姓

新しい田＝新田に対する本田（以前からある田）、または本田がある地域を表す名字で、日本各地に発祥地がある。現在は九州に特に多く見られ、熊本県から長崎県に集中する一方、福島県にも本田姓がよく見られる。大隅（鹿児島県）発祥の本田氏は、桓武平氏の流れとして知られている。

167位 菅野《すがの》

168位 荒井《あらい》

169位 大島《おおしま》

170位 平井《ひらい》

171位 西山《にしやま》

172位 早川《はやかわ》

173位 栗原《くりはら》

174位 広瀬《ひろせ》

175位 横田《よこた》

176位 石橋《いしばし》

177位 岩本《いわもと》

178位 萩原《はぎわら》

179位 片山《かたやま》

180位 関口《せきぐち》

181位 宮田《みやた》

182位 大石《おおいし》

183位 本間《ほんま》

184位 高山《たかやま》

185位 須藤《すどう》

186位 吉野《よしの》

187位 岡崎《おかざき》

188位 小田《おだ》

189位 鎌田《かまた》

190位 伊東《いとう》

191位 上原《うえはら》

192位 篠原《しのはら》

193位 小西《こにし》

194位 松原《まつばら》

195位 福井《ふくい》

196位 古賀《こが》

197位 大森《おおもり》

198位 成田《なりた》

199位 小泉《こいずみ》

200位 南《みなみ》

131位 樋口《ひぐち》

132位 辻《つじ》

133位 秋山《あきやま》

134位 田口《たぐち》

135位 永井《ながい》

136位 山中《やまなか》

137位 中西《なかにし》

138位 吉村《よしむら》

139位 川上《かわかみ》

140位 松岡《まつおか》

141位 浜田《はまだ》

142位 大橋《おおはし》

143位 石原《いしはら》

144位 馬場《ばば》

145位 森本《もりもと》

146位 矢野《やの》

147位 松下《まつした》

148位 浅野《あさの》

149位 星野《ほしの》

150位 吉岡《よしおか》

151位 大久保《おおくぼ》

152位 小池《こいけ》

153位 野田《のだ》

154位 荒木《あらき》

155位 松浦《まつうら》

156位 熊《くま》谷《がい(がや)》

157位 大谷《おおたに》

158位 内藤《ないとう》

159位 黒田《くろだ》

160位 尾崎《おざき》

161位 望月《もちづき》

162位 川村《かわむら》

163位 永田《ながた》

164位 松村《まつむら》

165位 堀《ほり》

166位 田辺《たなべ》

COLUMN 10

日本を代表するあのマンガの名字「野比」と「磯野」の話

『ドラえもん』に登場するのび太くんの名字は「野比」。聞き慣れない名字だが、ちゃんと実在する。

野比の名は、相模国三浦郡佐原を発祥とする、桓武平氏三浦氏の支流・佐原氏がルーツ。1247年の宝治合戦で北条方についた佐原盛時の子・盛氏が、三浦郡野比村に移り、この名を名乗りはじめた。三浦の野比氏とのび太くんの関係は作中では明かされていないが、室町武士のイメージはなかっただけに驚きだ。

また、しずかちゃんの名字は「源」。ということは、ルーツは源氏。もしかしたらその昔、鎌倉・三浦周辺でお互いの先祖がすれ違っていたかもしれない。ちなみに「剛田」「骨川」「出木杉」といった名字の存在は目下調査中。

そして、サザエさんの「磯野」家。作中の住所は東京都世田谷区桜新町で、故郷は福岡県という設定だ。

しかし、磯野氏のルーツを探ってみると、現在は滋賀県にある近江国伊香郡の磯野という土地にたどり着く。この地にあった磯野城で、京極氏に仕えていた家臣が磯野の名を名乗りはじめたと言われている。滋賀から福岡へ、そして東京へと、磯野氏が長い歴史の中で、全国を移り住んだことを考えながら作品を見ると、物語の深みが増しそうだ。

参考文献

『日本名字家系大事典』
著／森岡浩　東京堂出版
『難読・稀少名字大事典』
著／森岡浩　東京堂出版
『名字の謎がわかる本』
著／森岡浩　幻冬舎文庫
『名字の日本史』
著／森岡浩　ビジネス社
『名字の地図』
著／森岡浩　日本実業出版社
『名字の新聞』
監修／森岡浩　宝島社

ランキング出典
名字由来 net　https://myoji-yurai.net

森岡 浩（もりおか・ひろし）

1961年高知市生まれ。早稲田大学政経学部卒。地名学や民俗学を踏まえた日本人の名字研究を重ね、著作、講演、テレビ・ラジオ出演などに活躍。ＮＨＫ総合「日本人のおなまえっ！」にもレギュラー出演中。著書に『日本名字大辞典』『名門・名家大辞典』（ともに東京堂出版）『名字でわかるあなたのルーツ』（小学館）など多数。

データ協力：名字由来net（https://myoji-yurai.net/）

1日最大30万人以上のユーザーが訪れる名字検索No.1の情報サイト。日本の人口の98.8%以上の名字を網羅し、名字由来における膨大な情報量を誇る。

編集協力：株式会社G.B.

本書は、2008年12月にイースト・プレスより発行された『日本一楽しい名字の地図帳』を改題し、加筆修正したものです。なお、本書掲載のデータは2018年11月現在のものです。

二見レインボー文庫

思《おも》わず人《ひと》に話《はな》したくなる! 日本人《にほんじん》の名字《みょうじ》

監修者　森岡《もりおか》　浩《ひろし》

発行所　株式会社　二見書房
東京都千代田区神田三崎町2-18-11
電話　03(3515)2311［営業］
03(3515)2313［編集］
振替　00170-4-2639

印刷　株式会社　堀内印刷所
製本　株式会社　村上製本所

ISBN978-4-576-18188-2
https://www.futami.co.jp/